JN069360

国鉄旅客列車の記録

【電車・気動車列車編】

諸河 久・寺本光照

仙台発上野行き特急「ひばり」485系電車12連　*1981. 4.22*　東北本線 船岡～大河原

桜花爛漫の船岡付近を行く絵入りヘッドマークも美しい上り特急「ひばり」。同一区間の「エル特急」としては最大を誇る14往復の設定で、それもグリーン車と食堂車を含む12両の充実した編成だった。撮影地付近は線路沿いに桜並木が続くため、当時も「ひばり」をはじめとする特急群の姿を撮影する多くの鉄道ファンで賑わった。

.....Contents

表紙：上野発新潟行き特急「とき」181系電車10連　*1974.11.23*　上越線 越後湯沢〜石打

上越国境の山々に新雪が見え始めた晩秋の日、午後の淡い斜光を浴びながら下り特急「とき」は一路県都新潟を目指す。撮影当時の「とき」は「エル特急」にふさわしく上野〜新潟間に13往復が設定されており、それもすべて181系による運転でグリーン車2両に加え、食堂車付きの編成だった。石打付近にはS字カーブがあり、10両編成の最後尾も見える絶好のアングル。

1008M　仙台発上野行き特急「ひばり4号」485系電車12連　*1975.1.5*　東北本線 片岡〜蒲須坂

ボンネット型のグリーン車クロ481を先頭とする特急「ひばり」が、帰省先からのUターン客を満載し上野に急ぐ。東北本線の黒磯以南は直流電化なのでモハ484やモハ482は2つのパンタグラフを上げた凛々しい姿で快走する。列車内からは、故郷の楽しい思い出話に花を咲かせる家族連れの会話が聞こえてくるようだ。

はじめに

　筆者は1960年代から国鉄列車の撮影に親しんできた。とりわけ東海道新幹線開通前の東海道本線は、151系特急電車が東京〜大阪間を疾駆する戦後の黄金時代であった。1963年から翌1964年にかけて、及ばずながら東海道本線の優等列車撮影に熱中していた。

　以来、半世紀に及ぶ鉄道写真歴の中で、全国に四通八達する国鉄線で撮影した列車写真は、自身のアーカイブスの中で大きな割合を占めている。

　かねてから、端正な国鉄旅客列車写真とその出自を解説する出版物を構想してきた。今般、株式会社フォト・パブリッシングから、この構想を出版するお勧めをいただき、アナログ作品のデジタルリマスター化を進捗するなど、「本造り」に向けて邁進してきた。

　掲載した国鉄旅客列車の解説には、このジャンルの泰斗である寺本光照氏を共著者に迎えて、該当列車の出自や列車編成図など、精緻な解説を記述していただいた。

　国鉄旅客列車を一冊で纏めるには膨大な頁数が予想されるため、機関車牽引の動力集中型と電車・気動車の動力分散型に二分し、客車列車編と電車・気動車列車編の二分冊にして上梓した。

　往年の重厚・長大な国鉄旅客列車の魅力を作品・解説の双方でお楽しみいただければ、著者らの本望である。

諸河 久

　幼少の頃から鉄道に興味を抱いてきた筆者が、本格的に趣味の対象として鉄道情報誌を読んだり、鉄道写真を撮影したりするのは、高校に入学した1965年のことである。鉄道写真家の諸河久氏とは、氏が鉄道雑誌「鉄道ファン」のスタッフだった1971年10月に、東京都内でお会いして以来、半世紀にわたってお付き合いをさせていただいている。

　その間、筆者は国鉄・JR関連では鉄道運輸運転史、平たく言えば列車の歴史を綴った著書を何冊か上梓させていただいてきたが、かねてから諸河氏の列車写真に、解説文や編成図を添えた資料的な列車写真集を共著で上梓することを、念願としてきた。

　今回縁があって、その仕事をさせていただくことになったが、実際に諸河氏が撮影された写真は、すべて丹精を凝らした見事な作品ばかりで、筆者としてもそれに応えられる解説文を書かねばと、良い意味でのプレッシャーを感じたものである。また、旅客列車編成図の作成には写真で調べるとともに、列車史関係の書物や「国鉄監修時刻表」、「車両配置表」を動員し、それも撮影年月に近いものを選ぶことで、形式の特定に万全を期すようにした。

　前著の『国鉄旅客列車の記録【客車列車編】』に続き、本書の列車解説・掲載写真キャプション・編成図作成を担当させていただいたことはこの上なく喜ばしい限りで光栄でもある。

寺本光照

1章
国鉄旅客列車
カラーグラフ Ⅰ
〜電車特急列車の活躍〜

8032M　万座・鹿沢口発上野行き特急「白根1号」157系電車　6連
1975.11. 9 吾妻線 長野原（現長野原草津口）〜川原湯（現川原湯温泉）

晩秋の紅葉シーズン。11月24日の運転を最後に、183系に置き換えられる157系臨時
特急「白根」が最後の頑張りを見せる。川原湯駅付近の第3吾妻川橋梁を渡る
姿も、まもなく見納めである。この鉄橋は、JR化後八ッ場（やんば）ダムの建設に伴う
岩島〜長野原草津口間の線路切替えで、川原湯温泉駅とともに現在はダム湖に水
没している。なお、第3吾妻川橋梁は新線区間の長野原草津口付近にアーチ橋とし
て付替えられ、（新）川原湯温泉駅も吾妻川の南側に移転している。

新潟発上野行き特急「とき」181系電車10連　*1975. 2. 2*　上越線　越後中里〜土樽

「日本一ゲレンデに近い駅」として知られる越後中里を通過する上り特急「とき」。ヘッドマークの下に小さく「朱鷺」の文字が書かれているのは、列車名の由来が国際保護鳥のトキに因むことをPRするための策。当時佐渡島に生息していたトキは絶滅寸前だったが、特急「とき」は1962年6月10日（何と「時の記念日」）上野〜新潟間で1往復の運転を開始して以来、ダイヤ改正ごとに"繁殖"を繰り返し、概ね1時間ヘッドの運転を実施するまでに増便されていた。

中央東線の雪景色に映える上り特急「あずさ」。181系10
両編成なので、ヘッドマークを見なければ上越線の「とき」
と見まちがえそうだ。しかし、当時の「あずさ」は上り
方先頭車を「あさま」と共用するため、自動連結器付き
のクハ180型が使用されていることや、食堂車の連結がな
い編成になっていたことが「とき」との相違点だった。

松本発新宿行き特急「あずさ」　181系電車10連　*1975. 2. 22*　中央本線　笹子〜初狩

新宿発松本行き特急「あずさ」　189系電車10連　*1976. 1. 18*　中央本線　大月～初狩

1972年10月以来、181系と183系の２形式での運転が続けられていた中央東線特急「あずさ」は、1975年12月９日までに10往復中、181系運用の５往復が189系に置換えられる。189系は信越本線特急「あさま」との共通運用だが、1975年５月以降に落成した新製車両ばかりで、沿線から好評で迎えられた。

3022M　伊豆急下田発東京行き特急「踊り子2号」　185系電車10連　*1986. 1. 5*　東海道本線　平塚〜茅ヶ崎

1981年の登場当時は、それまでの国鉄特急には類例のない塗装や列車名、普通列車と共用の転換クロスシートなど、異色づくめだった185系特急「踊り子」だが、時間の経過とともに湘南・伊豆特急の顔として定着していった。お屠蘇気分もまだ醒めならない正月の快晴のもと、2日前に箱根駅伝を見届けた富士山は「踊り子」の活躍を見守り続ける。

東京発館山／千倉方面行き特急「さざなみ」　183系電車9連　*1986. 7. 29*　内房線　竹岡〜浜金谷

東京湾に沿って走る内房線特急「さざなみ」。かつて気動車王国といわれた房総の鉄道も、電車特急時代になってから久しい年月が経過した。1972年の183系登場以来、9両編成を守り続けてきた「さざなみ」も、1985年3月改正から6両モノクラス列車が現れるが、海水浴シーズンには9両になり活気を取り戻していた。

上野発長野／直江津方面行き特急「あさま」　EF63×2＋189系電車12連　*1983. 1.21*　信越本線　横川〜軽井沢

アプト式時代を偲ばせる煉瓦造りの碓氷第三橋梁遺構から眺めた、粘着運転の新橋梁下り線をEF63型重連の推進運転で登る長野方面行き特急「あさま」。この写真でも急勾配が判明できる66.7‰の碓氷峠を電車列車や気動車列車の性能では自力走行できないため、横川〜軽井沢間では1963年10月（一部は7月）以後は、どの列車も"峠のシェルパ"ことEF63型のお世話になったのだ。

上野発長野／直江津方面行き特急「あさま」 189系電車12連 *1982. 4.26* 信越本線 信濃追分〜御代田

雄大な浅間山をバックに走る189系12両編成の電車特急「あさま」。列車のネームが沿線風景にマッチするひととき
きであり、列車も横川〜軽井沢間での足枷が取れたせいか、軽快に走っていた。撮影当時の「あさま」は10往復運
転され、金沢直通の「白山」3往復と合わせることにより、上野〜長野間で概ね1時間ヘッドの特急ダイヤを築い
ていた。

新宮発天王寺行き特急「くろしお」 381系電車9連　*1979. 8.30*　紀勢本線　紀伊田原〜古座

気動車特急での活躍が長かった「くろしお」も、1978年10月の紀勢本線新宮～和歌山間電化により、新宮～天王寺間列車が381系電車での運転になる。先頭車は86・87ページの「しなの」とは異なり非貫通の100番台で、電車化当初から絵入りヘッドマークを装備していた。写真は本州最南端に近い紀伊田原付近の海岸を行く下り「くろしお」で、亀山～和歌山市間の紀勢本線は、東京に近い亀山が起点であるため、天王寺行きは下り列車だった。

1002M 西鹿児島発小倉行き特急「有明2号」 485系電車10連 *1979. 11. 2* 鹿児島本線 肥後田浦〜上田浦

1975年3月の新幹線博多開業により、九州の昼行電車特急は島内運転の「エル特急」に姿を変え、その中でも鹿児島本線の「有明」は10往復が設定される。その主力は7往復を担当する485系で、一部の列車では食堂営業も実施されていた（この2号は非営業）。九州内の封じ込め運用では直流型ボンネット車と接する機会がないせいか、写真のようにボンネットのヒゲが消される先頭車両が多く見られた。

4003M 大阪発新潟行き特急「雷鳥３号」485系電車10連　*1985.4.25* 北陸本線　東滑川〜魚津

手前に富山平野のチューリップ畑、後方に残雪をいただく立山連峰を望む絶景の中を行く大阪発新潟行き特急「雷鳥3号」。チューリップ栽培は球根の生産が目的のため、畑一面に開花する期間が短く、撮影は意外と難しかった。国鉄が分割・民営化に向けて舵を切ったことで、1985年3月改正では在来線電車特急から食堂車が姿を消し、「雷鳥」もその例外ではなかった。

1042M 秋田発上野行き特急「つばさ2号」485系電車12連　*1982.4.25*　東北本線　南福島～金谷川

果樹栽培が盛んな福島市近郊の桃畑から眺めた風景の中を、485系1000番台で固められ、屋根上のクーラーが整った編成をした上り特急「つばさ」が行く。東北新幹線開業を間近に控えた当時、東北本線の福島以南では485系特急は「つばさ」のほか、「はつかり」「やまびこ」「ひばり」「やまばと」といった面々が1時間に片道3本の頻度で運転され、在来線最後の賑わいを見せていた。

3002M 金沢発上野行き特急「白山2号」489系電車12連＋EF63×2　*1983.10.31*　信越本線　軽井沢〜横川

碓氷峠の中ほどに位置した旧熊ノ平駅跡を行く上野行き特急「白山2号」。写真では見えないが列車の先頭にはEF63が重連で連結されており、ブレーキの役割を果たしている。489系の先頭車は111ページで解説するように、3タイプがあり、写真手前は貫通型のクハ489系200番台、機関車と組むのはクハ489系600番台である。特急「白山」は当初食堂車が連結されていたが、1978年10月改正で廃止され、1982年11月改正で復活したという珍しい事例の列車だった。

24M 青森発上野行き特急「はつかり4号」583系電車13連　*1979.10.23*　東北本線　南福島〜金谷川

鉄道ファン好みの曲線築堤を行く583系13両編成の上野行き特急「はつかり4号」。東北本線全線電化の1968年10月改正で583系の2往復となった「はつかり」は、写真撮影時点では6往復にまで増発されるが、583系は夜行との運用関連で3往復運転が限度で、残る3往復は485系での運転だった。写真の金谷川～南福島間は1961年4月の複線化に際し、勾配緩和対策として、この「はつかり」が走る上り線を既設の下り線とは別ルートで建設したため、単線区間のように見える。これは20～21ページの写真も同じである。

旭川発札幌行き特急「いしかり」485系電車6連　*1979.8.24*　函館本線　奈井江〜茶志内

広大な石狩平野を行く特急「いしかり」。北海道初の電車特急として1975年7月に新設された札幌〜旭川間列車で、485系の耐寒・耐雪構造を強化した1500番台車での運転だった。クハ481の正面には蛇行で有名な石狩川をイメージした絵入りヘッドマークが掲げられていたが、函館本線の奈井江付近は遮るもののない平坦な直線区間が続いている。

1006M 旭川発室蘭行き特急「ライラック6号」781系電車6連　*1980.10.1*　千歳線　美々〜植苗（現南千歳〜植苗）

1980年10月の室蘭本線・千歳線室蘭〜沼ノ端〜白石間電化に伴い、北海道電車特急「いしかり」の上り方が室蘭に変更され、列車名が「ライラック」に一新された。全列車とも交流専用特急車としては初形式の781系が使用される。485系非貫通型よりも運転台がやや低い位置にあり、正面を赤い太帯を入れているので違いは一目で分かる。写真は運転開始初日の室蘭行き「ライラック6号」で、雲一つない晴天は781系特急電車「ライラック」の前途を祝しているかのようだった。

カラーグラフⅡ
～電車急行列車の活躍～

401M 名古屋発大阪行き急行「比叡1号」153系電車8連　*1975. 3. 9*　東海道本線　柏原～近江長岡

東海道新幹線開業前は8往復の本数を誇った東海道本線の名阪準急（のち急行に格上げ）「比叡」も、1972年3月改正後は2往復だけの運転となり、編成もそれまでの153系10両から8両に減車された。「比叡」を斜陽化に追い込んだ新幹線は、写真撮影の翌日に博多開業を迎える。

3602M 直江津発上野行き急行「よねやま」 165系電車13連　*1977. 1.15*　上越線　湯檜曽～水上

湯檜曽ループを走り終え、鹿野沢の第六利根川橋梁を渡る上り急行「よねやま」。群馬県最初の停車駅水上もあとわずかだ。「よ
ねやま」は起終点間を珍しいルートで結ぶ急行だが、上下とも年間を通じて全区間での撮影が可能な列車だった。上越線急
行の2連サロにサハシを加えた13両編成は165系の白眉だが、ビュフェ営業は1973年に休止されてしまったのは残念だった。

203M 新宿発安房鴨川行き急行「外房3号」165系電車10連　*1979.10.14*　外房線　大網～永田

房総半島一周電化とともに東京始終着の電車特急時代に突入した内房・外房線だが、1982年までは特急を補佐する列車として165系（一部153系）による急行も設定されていた。総武・成田線を含む千葉鉄道管理局の優等列車は、気動車準急時代からヘッドマークを付けているが、電車急行もその例に漏れなかった。また、千葉鉄局の急行は特急とは異なり、東京都内では新宿と両国を始終着としていた。写真の「外房3号」は通常7両だが、撮影当日は10両で運転されていた。

1502M 金沢発大阪行き急行「ゆのくに」475系電車10連　*1979. 5. 5*　北陸本線　敦賀～新疋田

北陸本線敦賀〜新疋田間の山中を行く475系急行「ゆのくに」。この区間では、上下線が離れた位置にあり、複線化に際して増設された上り線はループ線で高度を稼ぐことで、勾配緩和につとめている。撮影当時急行「ゆのくに」は1往復だけの設定で、475系もヘッドマークも小型化されていたが、往年の米原経由だけは継続されていた。1970年代終盤から80年代にかけての国鉄電化幹線では急行は、特急への格上げが進み、利用そのものも難しい存在になっていた。

1102M　仙台発上野行き急行「まつしま2号」455系電車12連　*1979.4.21*　東北本線 船岡〜大河原

桜並木に沿って走る急行「まつしま」。1965年10月の盛岡電化の頃は東北本線の花形だった455系電車急行だが、その後の磐越西線喜多方電化や特急増発に伴い補助列車的な存在になり、撮影当時には、定期「まつしま」4往復中、上野〜仙台間を12両で通すのは上り2号だけだった。東北本線の455系は磐越西線や奥羽本線への直通を考慮し、6両+7両（または6両）での併結運転を行なっているのが列車編成の特徴だった。

808M　旭川発札幌行き急行「かむい8号」711系電車6連　*1981.4.19*　函館本線 近文〜伊納　（現近文〜納内）

781系特急「ライラック」とともに札幌〜旭川間輸送に活躍していた頃の急行「かむい」。711系は分類上では近郊型だが、落成当時は扉付近の戸袋部分を除きクロスシートで、急行型車両に遜色がなかった。国鉄時代の赤色塗装は交流車両の証であり、711系も正面にクリーム色の警戒塗装を施しているほかは赤一色だった。

カラーグラフⅢ
〜気動車特急列車の活躍〜

1D 名古屋発天王寺行き特急「くろしお5号」キハ81・82系気動車7連　*1978. 5.14*　紀勢本線　栃原〜川添

特急型気動車のパイオニアとして1960年に登場したキハ81系は、東京以北で「はつかり」「つばさ」「いなほ」「ひたち」に使用されたのち、1972年10月からは南紀特急に転じ、名古屋〜天王寺間特急「くろしお」専用車に使用される。しかし、試作的車両である保守の困難さや老朽化だけはどうにもならず、1978年10月改正で退役する。撮影時点ではキハ81型は全車6両中2両だけの在籍で天王寺方先頭車を担当。名古屋方はキハ82型だった。

5006D 釧路発札幌行き特急「おおぞら6号」キハ82系気動車9連　*1981. 10.16*　石勝線 新得〜石勝高原（現トマム）

開業2週間後の石勝線を行く上り特急「おおぞら」。3往復中1—6号がキハ82系での運転で食堂営業も行なわれた。沿線では紅葉シーズンも始まり、国鉄北海道総局も札幌と道東を短絡する新線にかける期待は大きい。経年化による傷みや老朽化で廃車も進行しているキハ82系にとって、高規格の路線で思い切った走りができるのは引退への花道といえた。

18D 米子発京都行き特急「あさしお2号」キハ82系気動車9連　*1980. 3.15*　山陰本線 餘部〜鎧

かつて旅客が「列車が空中を走っているようだ」と感嘆したほど、高くて長い余部橋梁を行く特急「あさしお」。山陰の名勝を走る列車は、優美な姿で編成もある程度の長さがあって初めて絵になる。それからすれば、キハ82系やその後継車のキハ181系はまさに千両役者といえよう。

2D 秋田発上野行き特急「つばさ2号」EF71＋キハ181系気動車11連　*1975. 9.20*　奥羽本線 峠～板谷

国鉄の幹線としては、信越本線碓氷峠に次ぐ33.3‰（一部に38‰）の勾配が連続する奥羽本線福島～米沢間の板谷峠。1961年10月にキハ82系で運転を開始した特急「つばさ」はこの区間では補助機関車を必要とした。キハ82系の置き換えで登場したキハ181系は、性能的には自力走行が可能だったが、エンジントラブル防止のため、1972年12月からEF71型との協調運転が開始された。福島～米沢間では補助機関車は上下列車とも先頭に連結された。

21D 新大阪発倉吉行き特急「はまかぜ1号」キハ181系気動車7連　1984. 4.14　山陰本線 居組〜東浜

山陰本線は日本海に沿って路線が敷設されているが、実際に車窓から海が望める区間となれば限られており、海岸線に近い山中を走ることも多い。兵庫・鳥取の県境である居組〜東浜間の中間地点もその例に漏れない。山間の原風景の中をキハ181系の500PSエンジン音が、静寂を打ち破る。

3D 高松発宇和島行き特急「しおかぜ3号」キハ181系気動車6連　*1979. 9. 3*　予讃本線 海岸寺〜詫間

　四国の鉄道は4県都相互間の距離等の問題で、特急運転開始は山陽新幹線岡山開業時の1972年3月になる。しかし、運転開始が遅れた分、車両は最初からキハ181系の新製車が投入され、予讃・土讃沿線は喜びに沸いた。写真撮影当時予讃本線特急「しおかぜ」は4往復運転され、この「しおかぜ3号」は高松〜宇和島間を4時間52分で結んでいた。

3D 函館発釧路行き特急「おおぞら3号」キハ183系気動車10連　*1980.10.3*　函館本線 七飯〜大沼

　長らくキハ82系での運転が続いた北海道気動車特急にも、1980年2月から道内限定の特急形式キハ183系が加わる。スラント
ノーズ型のシャープな形状の先頭車に加え、キハ82系とは"時の流れ"を実感させる座席形状や車内インテリアが好評だった。
このキハ183系は当初試作車12両だけの登場であるため、函館〜釧路間特急「おおぞら」1往復にキハ82系と隔日運用された。
駒ヶ岳を目指して走る写真の「おおぞら3号」も、もちろん試作車による編成である。

34D 釧路発札幌行き特急「おおぞら4号」キハ183系気動車8連　*1986.11.2*　石勝線 新得〜石勝高原(現トマム)

国鉄としては最後になる1986年11月改正で登場したキハ183系500番台からなる特急「おおぞら4号」。同じ183系でも500番台は、新塗装の採用や先頭車のスタイル、それにハイデッカーのグリーン車連結など、別形式であってもおかしくない車両で、まさに「民営化後の北海道鉄道を担う旗手」といった感じだった。雄大な十勝の頭上に広がる真っ青な空は、キハ183系500番台の「おおぞら」にぴったりの列車名だった。

2004D 佐世保発京都行き特急「かもめ」 キハ82系気動車6連 *1968.12.27* 筑豊本線 筑前山家〜筑前内野

蒸気機関車が活躍した頃は、いわゆるSLファンで賑わった筑豊本線冷水峠にも、1965年10月から1972年3月まではキハ82系気動車特急が運転されていた。写真の上り「かもめ」は佐世保始発で原田〜黒崎間は筑豊本線を経由し、小倉で長崎から長崎・鹿児島経由でやってくる同名列車と併結で、京都を目指していた。冷水峠では往時のスポーク動輪のC55やD60の力闘ぶりも魅力だったが、キハ82系特急もオーラを放っていた。

カラーグラフⅣ
～気動車急行列車の活躍～

701D 名古屋発宇奈月温泉（富山）行き急行「のりくら1号・うなづき」キハ58系気動車9連
1980.11.30 高山本線 白川口～下油井

白川口付近の第1飛騨川橋梁を行く急行「のりくら1号・うなづき」。線路が飛騨川（益田川）と宮川、神通川に沿う集落を縫うように敷設されている高山本線では、ここから富山まで幾度となく川を鉄橋で渡る。高山本線では特急も5往復運転されているが、優等列車の主力はキハ58系急行だった。写真の富山行き「のりくら1号」は、観光シーズンには前部2両が「うなづき」の列車名で富山地方鉄道に乗入れていた。

1204D 札幌発函館行き急行「すずらん2号」キハ56系気動車4連　*1979. 6. 6*　室蘭本線 登別〜富浦

国鉄時代、北海道内の主要幹線で運転される気動車急行には、キハ58系に耐寒・耐雪設備を施し、窓も二重として寸法も小さくしたキハ56系が使用されていた。函館〜札幌間を室蘭・千歳線経由で結ぶ「すずらん」は北海道の気動車急行としてトップを切って登場した列車だが、特急の増発に押され、1978年10月改正時点で定期列車として運転されるのは、下り３号と上り２号の１往復しかなかった。この上り２号が走る区間は、電化工事と新トンネル建設に伴い1980年６月に新線に切り換えられた。

4201D 高松・徳島発高知行き急行「土佐1号・よしの川1号」キハ58系気動車7連　*1979. 11. 6*　土讃本線 三縄〜祖谷口

徳島県内の土讃本線第1吉野川橋梁を行く急行「土佐1号・よしの川1号」。先頭から5両が「土佐」で、下部を土讃線のラインカラーである朱色で施したヘッドマークを付けている。撮影当時は徳島本線急行「よしの川」の一部も高知まで直通していたため、阿波池田以南では7・8両の編成も見られた。キハ58系の塗装もキハ181系に劣らず、山間部の風景にマッチする。

633D 小松島港発阿波池田行き（徳島から急行「よしの川5号」）キハ58系気動車3連　1980. 3.26　小松島線 小松島港（現廃止）

写真撮影当時、徳島本線急行「よしの川」7往復中、3往復は牟岐線中田から分岐する小松島線の小松島港を始終着とし、和歌山港からの南海フェリーに接続していた。和歌山側も難波～和歌山港間に南海電鉄の特急や急行が設定されていたので、大阪～阿波池田間には、宇高とは別に鉄道連絡船のルートが存在したわけである。列車やフェリーが到着する時間帯の小松島港は賑わっていたが、国鉄改革のあおりで小松島線は1985年3月に廃止されたため、冷房電源付きのキハ28型2000番台を先頭とする「よしの川」が乗り継ぎ客を待つ写真は、「昭和の憧憬」になってしまった。

5612D 宮崎発熊本行き急行「えびの2号」キハ58系気動車5連　*1984. 3.16*　肥薩線 大畑

矢岳から大畑駅近くの山上のループ線（写真左）を通過して、引上げ線でスイッチバックのうえ、写真右端に位置する大畑駅に到着した急行「えびの2号」は再びスイッチバックで発車し、人吉・熊本方への本線（写真右手前）を進む。この間、急行「えびの2号」は大畑駅構内で約10分を要している。明治年間の1909年にこの地に鉄道を開通させた先人たちは、最大30‰の勾

配を克服するとともにトンネル建設を最小限に抑えるため、距離やスピードの短縮などは一切無視した設備を導入したのである。1970年代には博多〜宮崎間を結ぶ幹線的使命を有していた肥薩線も、高速道路伸張により旅客が減少し、「えびの」も1984年2月改正後はグリーン車を外しての運転だった。
　なお、この区間は2020年7月の豪雨被害以後運転休止となり、現在も再開の目途は立っていない。

401D 上野発秋田行き急行「おが１号」キハ58系気動車９連　*1975. 9.20*　奥羽本線 板谷～峠

1975年９月当時、上野～秋田間を奥羽本線経由で結ぶ気動車列車としてキハ181系特急「つばさ」２往復のほか、キハ58系急行「おが」１往復が設定されていた。途中福島～米沢間の板谷峠をキハ181系はEF71の力を借りたが、キハ58系は自力走行で克服していた。しかし、編成の大半をキハ58型で固めても非力さだけはどうすることもできず、福島～米沢間43.0kmを走るのに１時間03分を要した。写真は修学旅行用で朱色とカナリヤ色のキハ58系800番台を先頭とする下り「おが１号」でエンジンを全開して勾配に挑む様子が伝わってくるかのようである。

2章
栄光の151系特急電車
～東海道・山陽特急時代の華やかな憧憬～

1M 東京発大阪行き特急「第1こだま」151系電車12連　*1964. 9.30*　東海道本線 東京

　1958年11月1日、東京～大阪間を6時間50分で結び日帰り旅行を可能にするビジネス特急として、華やかなデビューを飾った151系（当初は20系として登場。1959年の車両称号規定改正により、2桁形式で登場した90系以降の新性能電車は3桁形式に改番された）　電車特急「こだま」も、東海道新幹線開業により約6年にわたる在来線特急としての使命を終える。写真は東京駅で朝7時の発車を待つ、運転最終日の下り特急「第1こだま」で、明日からの東京駅では1Mの列車番号を付けた列車は見られなくなる。
　この日の午後、東京駅の同じ15番ホームでは14時30分の5M「第2こだま」発車に際し、鉄道友の会東京支部主催による「"こだま"を送り"ひかり"を迎える」セレモニーが開催され、東海道特急用の151系電車の大半は、関西～山陽・九州間の新しい活躍の場に旅立っていった。

4M 大阪発東京行き特急「第1つばめ」151系電車12連　*1964. 8.30*　東海道本線 金谷〜島田

特急「つばめ」は1962年6月から2往復中1往復（下り第1・上り第2）が広島まで延長されていたが、写真は大阪発の上り「第1つばめ」である。撮影当時の東海道電車特急は1964年4月24日に発生した草薙〜静岡間での下り「第1富士」踏切衝突事故の影響で、大阪方にはパーラーカーでない1等車・クロ150が入る編成もあり、車両のやり繰りは新幹線開業前日まで大変だった。写真の左手の線路は、金谷から東海道本線と並走後山側に分岐する大井川鉄道（現大井川鐵道）大井川本線である。

特急第 1—第 1 こだま（1964.8 現在）

← 1M　大阪行き　　　　　　　　　　　　　　　　　　　　　　2M　東京行き　→

①	②	③	④	⑤	⑥	⑦	⑧	⑨	⑩	⑪	⑫
指1等展望	指1等	指1等	指1等	食堂	指2等・ビ	指2等	指2等	指2等	指2等	指2等	指2等
クロ 151	モロ 151	モロ 150	サロ 151	サシ 151	モハシ 150	モハ 151	サハ 150	サハ 150	モハ 150	モハ 151	クハ 151

特急型電車のパイオニア・151系

　1956年11月に全線電化された東海道本線では、当時から東京〜大阪間の日帰りを可能にする特急列車が計画される。当初は展望車付きの「つばめ」「はと」を近代化した客車列車とする予定だったが、スピードアップを優先するため151系電車の登場となる。1957年6月に落成した国鉄初の新性能電車90系（1959年に101系に改番）の成功で、電車特急であっても客車に劣らぬ乗り心地が実証されたのが大きかった。151系（当時20系）電車は1958年11月に東京〜大阪／神戸間で特急「こだま」2往復の運転を開始。2・3等での8両編成ながら3等車を含む全車が冷房完備で、食堂車に替わるビュフェの設備が目を引いた。当時の旅客車としては"10年を先取りした設備"を有する「こだま」は大好評で、1960年6月には客車列車の「つばめ」「はと」も151系「こだま型電車」への仲間入りを果たす。この時から展望車の電車版といえるパーラーカー・クロ151型や食堂車・サシ151型が加わり、151系の編成も豪華さを増す。そして1961年10月改正では151系特急は全体で9往復になり、一部は宇野まで進出。その翌年には広島まで活躍範囲を広げる。東海道新幹線開業の1964年10月以後は、全線電化された山陽本線での活躍が中心になり、一部は博多へも乗入れた。その後、1965年から151系は上越線用161系とともに、性能の統一や主電動機の出力アップを施し、181系に編入。151系の形式は1966年度中に実質的な発展解消を遂げる。

興津〜由比間を行く特急上り「第1つばめ」。先頭車クハ151‐3の連結器カバー上のエンブレムは、同車がクハ26003であった1959年7月31日、島田〜藤枝間の上り線を使っての高速度試験で、当時の狭軌鉄道としては世界最速の163km/h達成を記念して、最後尾のクハ151‐4（当時クハ26004）とともに取り付けられたチャンピオンマークで、このプレートはクハ151‐3がクハ181‐3となってからも、山陽特急や信越特急などで見ることができたが、長野運転所時代の1975年1月に取り外されてしまった。

弁天島駅付近の第2浜名橋梁を行く上り特急「おおとり」。名古屋から東京向けの列車で、往復利用では東京で6時間の滞在ができることでビジネス客から喜ばれた。東京を18:00に発つ下り「おおとり」は東海道151系特急のトリを受け持ち、1964年9月30日の東京駅では、同列車の発車をもって下り「こだま型電車」の運転が終了した。

2008M 名古屋発東京行き
特急「おおとり」151系電車12連
1964. 9. 13 東海道本線
新居町〜弁天島

4M 大阪発東京行き特急「第1つばめ」151系電車12連　*1964. 8. 6*　東海道本線 興津〜由比　撮影: 鈴木孝行

特急第1―第1つばめ（1964.8 現在）

← 2003M 広島行き　　　　　　　　　　　　　　　　　　　　　　　　　4M 東京行き →

①	②	③	④	⑤	⑥	⑦	⑧	⑨	⑩	⑪	⑫
指1等展望	指1等	指1等	指1等	食堂	指2等・ビ	指2等	指2等	指2等	指2等	指2等	指2等
クロ 151	モロ 151	モロ 150	サロ 151	サシ 151	モハシ150	モハ 151	サハ 150	サハ 150	モハ 150	モハ 151	クハ 151

東海道新幹線開業で田町電車区から向日町運転所に転属した151系は、「しおじ」など山陽特急を主体に使用されるが、上り列車は22.5‰の上り勾配が連続する瀬野〜八本松間を通過するには、EF61型の補機が必要で、これを機に先頭車は連結器カバーが取り外され、自動連結器が剥き出しになった。クロ151型のヘッドマーク脇の2つの前照灯が黒く見えるのは、列車最後尾を示すフィルターが被せられていたからだ。山陽特急は1965年から1等車1両を減車した11両編成になる。

1004M 下関発新大阪行き
特急「第2しおじ」151系電車11連
1966. 6. 5 山陽本線
幡生〜長門一ノ宮（現新下関）
撮影：加地一雄

特急第1―第2しおじ（1966.5 現在）

← 1003M 下関行き　　　　　　　　　　　　　　　　　　　1004M 新大阪行き →

①	②	③	④	⑤	⑥	⑦	⑧	⑨	⑩	⑪	⑫
指1等展望	指1等	自1等	食堂	指2等・ビ	指2等	指2等	自2等	自2等	自2等	自2等	
クロ 151	モロ 151	モロ 150	サシ 151	モハシ 150	モハ 151	サハ 150	サハ 150	モハ 150	モハ 151	クハ 151	

3M 東京発大阪行き特急「はと」151系電車12連　*1963. 7. 7*　東海道本線 戸塚〜大船

展望車付きの東海道客車特急の電車化で、一時は消滅した「はと」の列車名は1961年10月改正で東京〜大阪間の151系電車特急として蘇る。「こだま」や「つばめ」「富士」のように2往復ではなく、起点駅13:00→終着駅19:30のダイヤは到達時分こそ違え、「昼間の特急」で親しまれた客車時代の「はと」に類似していた。151系はこのダイヤではお得意の東京〜大阪間日帰り運転が無理だが、東京では「おおとり」に間合使用することで、運用面での効率化を図っていた。

特急はと（1963.7 現在）

← 3M　大阪行き									6M　東京行き　→	
①	②	③	④	⑤	⑥	⑦	⑧	⑨	⑩	⑪
指1等展望	指1等	指1等	指1等	食堂	指2等・ビ	指2等	指2等	指2等	指2等	指2等
クロ 151	モロ 151	モロ 150	サロ 151	サシ 151	モハシ 150	モハ 151	サハ 150	モハ 150	モハ 151	クハ 151

九州乗入れの151系「つばめ」「はと」

　151系は直流専用電車であるにもかかわらず、交流電化区間を含む新大阪～博多間に特急「つばめ」「はと」として2往復が運転された。1964年10月改正では山陽本線全線電化が完成したものの、交直流特急型481系電車の必要両数の新製が、改正までに間に合わなかったのが理由だった。そこで、「つばめ」「はと」の下り列車は新大阪～下関間を自走。下関でパンタグラフを降ろし"客車スタイル"になって下関～門司間は交直流のEF30型、門司～博多間は交流専用のED73型に牽引された。この間、151系に照明や冷暖房の電源を供給する車両としてサヤ420型が機関車の次位に連結された。サヤ420型をカニ21型と考えれば、151系は下関～博多間を20系ブルートレインと同じ方式で運転されていたわけである。上りはこの逆だが、他の151系特急同様、瀬野～八本松間でEF61型に後押しされていた。このページでは九州内での運転風景をお目にかける。運転時刻との関係で「つばめ」「はと」とも上り列車だ。今にして思えばヘッドマークを付けて欲しかったが、こうした変則運転も481系の登場により、1年間で幕を降ろした。

4M 博多発新大阪行き特急「つばめ」ED73＋サヤ420＋151系電車12連　*1965.7.8*　鹿児島本線 折尾～黒崎　撮影：加地一雄

特急つばめ・はと（1965.7 現在）

← 1M・3M 博多行き　　　　　　　　　　　　　　　　　　　　　　　　4M・2M　新大阪行き →

電源	①指1等展望	②指1等	③指1等	④指1等	⑤食堂	⑥指2等・ビ	⑦指2等	⑧指2等	⑨指2等	⑩指2等	⑪指2等	⑫指2等	電源
サヤ420	クロ151	モロ151	モロ150	サロ151	サシ151	モハシ150	モハ151	サハ150	サハ150	モハ150	モハ151	クハ151	サヤ420

下関～博多
下りのみ　　　　　　　　　　　　　　　　　　　　　　　　　　　　　　**博多～下関**
　　　　　　　　　　　　　　　　　　　　　　　　　　　　　　　　　　　上りのみ

2M博多発新大阪行き特急「はと」ED73＋サヤ420＋151系電車12連
1964.10.25 鹿児島本線 小倉～門司
撮影：加地一雄

3章
電車列車
～電車特急列車の足跡～

左から181系「うずしお」、583系「はと」、481系「北越」用各特急型電車群　*1970. 8. 2*　東海道本線　向日町運転所

向日町運転所で特急運転仕業に備え、待機する特急型車両群。1970年3月31日現在、向日町所には特急型電車だけでも481系を含む485系143両、181系86両が配置され、485系は「みどり」「うずしお」「雷鳥」「しらさぎ」「はくたか」「北越」、181系は「しおじ」と「うずしお」に使用されていた。活躍範囲は北や東へは北陸本線から名古屋・新潟・上野、西へは山陽本線から宇野・大分へ特急網を築いていた。愛称名からも名列車揃いである。181系と485系の間に腰を下ろす583系は南福岡電車区の所属なので、向日町所では休憩中といったところ。これまた関西～九州間で昼行は「つばめ」「はと」、夜行は寝台列車として「月光」「明星」「金星」に、二刀流の活躍をしていた。電化主要幹線の優等列車は特急時代に突入したといっても過言ではなかった。

直流特急型3形式が集合した181系

181系は

①1958年に国鉄初の特急型電車として東海道本線に登場し、初期の国鉄新性能電車のMT46系主電動機を有する151系から改造されたグループ。

②1962年に走行条件の厳しい上越線を走る特急「とき」用として製造され、耐寒耐雪構造のほか、勾配対策として抑速発電ブレーキ装備や、151系の歯車比を変更した161系からの改造車。

③1966年の信越本線・中央東線特急「あさま」「あずさ」用に、最初から120kWのMT54を装備して181系として誕生したグループ。

上記3グループで構成されていた。

　1964年に東海道本線を追われた151系は、山陽本線や上越線に第二の働き場所を見出す。だが、両線区とも勾配区間を抱えることや車両の汎用な運用を考慮し、1965年度から翌年度にかけ161系は出力増強、151系には出力増強のほか161系並みの装備を施すことにより、長期休車となっている一部の151系を除き改造形式の181系に改称される。181系のうち、山陽本線での使用車両は九州直通列車との運用一体化のため、1973年中に485系に置き換えられ、以後は「とき」「あさま」「あずさ」を中心に運転される。しかし、元来の3形式は製造初年度に8年の開きがあるほか、旧151系は車齢が高く、経年による居住性劣化もあって、利用客や保守を担当する現場からの評判は芳しくなかった。そして、189系や183系1000番台の投入により、181系は最後まで残った「とき」用車両を最後に、上越新幹線開業の1982年11月改正で姿を消した。

2005M 上野発新潟行き特急「とき3号」181系電車12連　*1977. 1.15*　上越線 水上〜湯檜曽

水上駅を発車した特急下り「とき3号」。先頭車は最初から181系として登場したクハ181型100番台である。撮影当時の「とき」は181系の廃車が進行し、13往復中半数以上の7往復が183系1000番台に置き換えられていた。残存の181系は183系の定員に近づけるため、1975年10月から編成が12両に増強された。

特急 とき下り 3・4・5・7・9・13号　上り 2・4・8・9・10・12号 （1977.1 現在）

← 上野行き　　　　　　　　　　　　　　　　　　　　　　　　　　　　　　　新潟行き →

①	②	③	④	⑤	⑥	⑦	⑧	⑨	⑩	⑪	⑫
指	指	指	指	指G	指G	食堂	指	指	自	自	自
クハ181	モハ180	モハ181	サハ180	モロ181	モロ180	サシ181	モハ180	モハ181	モハ180	モハ181	クハ181

2011M 上野発新潟行き特急「とき6号」181系電車10連　*1974.11.23*　上越線 越後湯沢～石打

冬場にはゲレンデになる山間を快走する特急下り「とき3号」。当時の「とき」は13往復全列車が181系で運転されていたが、車両の劣化が問題視されており、撮影から1ヵ月後の12月28日から3往復が183系1000番台12両編成に置き換えられた。

特急とき 14往復（全列車）（1974.11 現在）

← 上野行き　　　　　　　　　　　　　　　　　　　　　　　　　　新潟行き　→

①	②	③	④	⑤	⑥	⑦	⑧	⑨	⑩
指	指G	指G	指	食堂	指	指	指	自	自
クハ181	モロ181	モロ180	サハ180	サシ181	モハ180	モハ181	モハ180	モハ181	クハ181

4M 松本発新宿行き特急「あずさ3号」181系電車10連　*1975.2.22*　中央本線 笹子〜初狩

撮影当時、中央東線特急「あずさ」は10往復設定され、181系と183系が5往復ずつ勢力を分かち合っていた。181系「あずさ」は設定当初は食堂車付きだったが、1973年10月改正で「あずさ」用181系は長野運転所の担当となったため、食堂車とは縁がなくなってしまった。

特急 あずさ下り 1・3・6・7・8号　上り 3・4・5・9・10号（1975.2 現在）

← 新宿行き								松本行き →	
①	②	③	④	⑤	⑥	⑦	⑧	⑨	⑩
自	自	自	指	指	指G	指G	指	指	指
クハ180	モハ180	モハ181	(サハ180・サハ181)	モロ180	モロ181	モハ180	モハ181	クハ181	

「あさま」「あずさ」用の181系100番台

　特急大衆化の流れで、1966年にはそれまで電車特急のなかった上野〜長野間に「あさま」、新宿〜松本間に「あずさ」の両特急が2往復ずつ新設される。車両は既存車だけでは足りないため181系100番台が新製されるが、中央東線には小断面のトンネル、信越本線には補助機関車の連結が必要な碓氷峠の急勾配区間が存在することで、従来の151・161系改造車の仕様では入線ができなかった。そこで、181系100番台では先頭車運転台上の前照灯が省略されるほか、碓氷峠対策として山麓側（上野側）に付く先頭車はEF63との連結や、引通し線の位置との関係で、新形式のクハ180型とされた。「あさま」「あずさ」用181系100番台は、当初田町電車区に配置され、「あずさ」は「とき」と共通運用で1等車2両と食堂車を連結した10両編成。「あさま」用は碓氷峠では無動力運転となるため、1等車2両連結の8両編成で食堂車の連結はなかった。こうした運転を開始した「あさま」と「あずさ」だが、車両需給との関係もあり全車が181系新車で揃った運転は見られなかった。また、以後の列車増発に際しては山陽本線からの転入車が充当されたため、100番台の増備は必要最小限にとどまった。そして、1970年代も中盤になると「あずさ」は老朽化、「あさま」はそれに加え輸送力不足の問題が深刻化し、両列車から1975年限りでボンネットスタイルの181系は消えていった。

右側本文（上部）：

一見複線のような区間を行く特急下り「あさま」だが、平原～小諸間は小海線が合流する乙女駅付近から、信越・小海の両線が並走していた。信越本線が未電化の時代はD50・D51型の大型蒸機と、小型のC56型との共演が見られた。
それはさておき、181系「あさま」は碓氷峠では山麓（上野）側になるクハ180型にEF63型重連が連結され長野行では推進運転される関係で、181系も自重の大きいM車を山麓側の②～⑤号車に固めているのが編成の特徴だった。

1003M 上野発長野行き特急「あさま2号」181系電車8連 *1970.8.14* 信越本線 平原～小諸

特急 あさま下り1・2・3・4・6号 上り1・3・4・5・6号（1970.8現在）

← 上野行き　　　　　　　　　　　　　　　　　　長野／直江津行き →

①	②	③	④	⑤	⑥	⑦	⑧
自	自	指	指	指	指G	指G	指
クハ180	モハ180	モハ181	モハ180	モハ181	（サロ180・サロ181）		クハ181

右側本文（下部）：

アプト式時代は旅客駅だった熊ノ平信号場を通過する特急下り「あさま」。撮影当時の「あさま」は181系による3往復だけの運転で、上野～長野間優等列車の主力は、EF63型と協調運転することで12両編成が可能な「信州」「妙高」など169系電車急行だった。しかし、「あさま」は碓氷峠を機関車連結の低速運転で上下するハンディがありながら、同区間を最速2時間59分で結び、表定速度は72.9km/hに達していた。これは同時期の中央東線特急「あずさ」の66.1km/hよりも断然速いスピードだった。

1003M 上野発長野行き特急「あさま2号」181系電車8連＋EF63×2 *1972.1.28* 信越本線 横川～軽井沢

6M 松本発新宿行き特急「あずさ4号」181系電車10連　*1975. 2.22*　中央本線 笹子〜初狩

中央東線の高尾以西は山岳路線となり、高原列車のムードが溢れていることで好撮影地が点在した。初狩〜笹子間の大カーブもその一つで、東海道時代の面影も伝える181系は絵になる列車だった。長野運転所の181系は100番台車と旧151系改造車とで混成されるため、⑥⑦号車のグリーン車にはモロ180＋モロ181のユニットが入る編成と、サロ180またはサロ181が入る編成とがある。写真の上り「あずさ4号」の編成は後者である。

特急 あずさ下り 1・3・6・7・8 号　上り 3・4・5・9・10 号（1975.2 現在）

←　新宿行き　　　　　　　　　　　　　　　　　　　　　　　　　　　　松本行き　→

①	②	③	④	⑤	⑥	⑦	⑧	⑨	⑩
自	自	自	指	指	指 G	指 G	指	指	指
クハ 180	モハ 180	モハ 181	モハ 180	モハ 181	（サロ 180・サロ 181）	モハ 180	モハ 181	クハ 181

1024M 鹿島神宮発東京行き特急「あやめ 4 号」183系電車 9 連　*1978. 9. 9*　総武本線 津田沼～船橋

1972年 7 月に内房・外房線特急「わかしお」「さざなみ」でデビューした183系は、その後の総武・成田・鹿島線全線電化により1975年 3 月改正からは総武本線特急「しおさい」 5 往復、成田・鹿島線特急「あやめ」 4 往復にも使用される。何れもグリーン車 1 両を含む 9 両の統一編成だが、「あやめ」では通常期の輸送力は過剰もいいところだった。総武本線の電車区間では101系との並走も見られた。

特急あやめ 4 往復（全列車）（1978.7 現在）

← 東京行き							鹿島神宮行き　→	
①	②	③	④	⑤	⑥	⑦	⑧	⑨
指	指G	指	指	自	自	自	自	自
クハ183	サロ183	モハ182	モハ183	モハ182	モハ183	モハ182	モハ183	クハ183

国鉄特急の品格を下げた183系電車特急

　1972年 7 月15日の総武本線東京～津田沼間線路増設、東京地下駅開業、内房・外房両線の全線電化のプロジェクト完成に伴い、内房・外房線特急用に登場した電車が183系である。外観は181系の車体にクハ583型並みの貫通型高運転台を設け、しかも短距離の自由席主体列車として使用するため、普通車の客用扉は 2 ヶ所としたことで、(181系＋583系＋157系)÷ 3 のような電車になる。普通車の座席はこの183系から簡易リクライニングシートが採用されるが、シートピッチは従来の910㎜のうえにリクライニングのロック構造が無かったことから、居住性は悪かった。要するに、国鉄特急としては初の短距離形式で、使用列車も数年前なら準急のランクなので、183系にはそれまでの国鉄特急が持つ"品格"は感じられなかった。この183系は波動対策としてパンタグラフ取付け部分は低屋根とされたことで、房総各線のほか中央東線特急にも使用された。

157系の老朽化に伴い、吾妻線直通の臨時特急「白根」は1975年12月27日から183系1000番台での運転になる。車両は田町電車区の「白根」用に整備した7両編成が充てられた。

8032M 万座・鹿沢口発上野行き
特急「白根1号」183系電車7連
1976. 1.15 吾妻線
小野上～祖母島

特急白根2往復（全列車）（1976.3 現在）

← 上野行き						万座・鹿沢口行き →
①	②	③	④	⑤	⑥	⑦
指	指	指	指G	指	指	指
クハ183	モハ182	モハ183	サロ183	モハ182	モハ183	クハ183

食堂車形式がないのが残念だった183系1000番台

　1962年6月以来上越線で活躍を続けてきた「とき」用181系は、老朽化と1973年末から翌年2月にかけての豪雪で、故障による運休が続出したため、1974年の年末年始輸送時の列車本数を確保すべく急遽製造されたのが183系1000番台である。その形式から183系基本番台をベースとした車両だが、「とき」への使用が主目的のため正面は非貫通型とされ、耐寒・耐雪構造が採用されたのが特徴だった。当時181系「とき」は食堂車を連結していたが、上越新幹線開業後の車両転用を考慮し、食堂車の製造はなかった。この183系1000番台は1974年12月から「とき」で営業を開始し、以後も157系「あまぎ」や「白根」置換えなどに使用される。分割・民営化後もJR東日本で2005年まで定期特急に運用された。

「白根」同様、特急になって以来157系で運転されてきた伊豆特急「あまぎ」も1976年1月25日の季節列車から183系1000番台化される。しかし、伊豆方面優等列車の特急一本化で1981年10月からは列車名が「踊り子」に統一されたため、185系が主力の「踊り子」の一部も183系1000番台で運転された。当時の「時刻表」の列車編成案内ページには（[踊り子号]は1・2・8・11・17・18号に限り183系で運転）の文字が掲示された。183系は185系より車内設備が優秀なため、列車を選んで乗車する旅客も見かけられた。しかし、この183系「踊り子」も撮影日の運転を最後に姿を消している。

3022M 伊豆急下田発東京行き
特急「踊り子2号」183系電車10連
1985. 3. 9 東海道本線 藤沢～大船

特急 踊り子下り1・11・17号　上り2・8・18号（1985.1 現在）

← 伊豆急下田行き									東京行き →
①	②	③	④	⑤	⑥	⑦	⑧	⑨	⑩
指	指	指	指G	指G	指	指	自	自	自
クハ183	モハ182	モハ183	サロ183	サロ183	モハ182	モハ183	モハ182	モハ183	クハ183

2011M 上野発新潟行き特急「とき6号」183系電車12連　*1975. 1. 11*　上越線 津久田〜岩本

運転開始後2週間を経過したばかりの183系1000番台「とき」が利根川沿いの津久田〜岩本間を行く。新春の淡い日差しが車体を照らし、ピカピカの新車である183系の美しさを引き立てる。181系の置き換えとして営業に就いた183系は"揺れない"居住性と、自由席が181系の2倍にあたる4両連結されていて、座席を確保しやすいことで絶賛されたが、唯一食堂車のないことだけが利用客からの不満だったと言われる。

特急 とき下り 1・7・11 号　上り 2・6・12 号（1975.2 現在）

← 上野行き　　　　　　　　　　　　　　　　　　　　　　　　　　　　新潟行き　→

①	②	③	④	⑤	⑥	⑦	⑧	⑨	⑩	⑪	⑫
指	指	指	指	指	指 G	指 G	指	自	自	自	自
クハ183	モハ182	モハ183	モハ182	モハ183	サロ183	サロ183	モハ182	モハ183	モハ182	モハ183	クハ183

5025M 上野発長野行き特急「あさま5号」189系電車12連　*1978.10.13*　信越本線 横川

1978年10月改正で待望の12両編成化された下り「あさま」が横川駅3番ホームに到着。ここから軽井沢へは66.7‰の急勾配に挑むため、列車は5分間停車。その間に最後尾の①号車寄りには補助機関車EF63重連が連結され、停車ホームでは名物駅弁の「峠の釜めし」を求めて、車両の扉が開くや否や旅客が販売人のワゴンに殺到する。列車到着時の横川駅ではこうした光景が日常のように展開されていた。

特急 あさま下り 17 号・上り 2 号を除く 8 往復（1978.10 現在）

← 上野行き　　　　　　　　　　　　　　　　　　　　　　　　　　　　長野／直江津行き →

①	②	③	④	⑤	⑥	⑦	⑧	⑨	⑩	⑪	⑫
自	自	自	指	指	指G	指G	指	指	指	指	指
クハ189	モハ188	モハ189	モハ188	モハ189	サロ189	サロ189	モハ188	モハ189	モハ188	モハ189	クハ189

特急 あさま下り 2・3・4・6・8 号　上り 1・3・5・6・7 号（1976. 1 現在）

← 上野行き　　　　　　　　　　　　　　　　　　　　　長野／直江津行き →

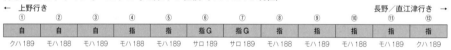

①	②	③	④	⑤	⑥	⑦	⑧	⑨	⑩
自	自	自	指	指	指G	指G	指	指	指
クハ189	モハ188	モハ189	モハ188	モハ189	サロ189	サロ189	モハ188	モハ189	クハ189

183系1000番台の横軽対応車として登場した189系

　165系と169系、485系と489系のように、183系1000番台に信越本線横川〜軽井沢間の碓氷峠を、EF63型電気機関車と協調運転に必要な機器を搭載した直流特急型電車が189系である。したがって、外観的に183系1000番台と189系とは見分けが付かず、189系を183系1000番台として運用するのも可能である。189系では編成の山麓側（上野側）に付く先頭車はクハ189型500番台とされるが、EF63型は客車・電車の両方に対応できる双頭連結器を有しているため、500番台も密着連結器装備で、181系のクハ181型とクハ180型ほどの違いは見られなかった。

　189系は、1975年7月から「あさま」、同年10月から12月にかけて「あずさ」に投入され、両列車を181系から置き換える。183系1000番台でも運用が可能な「あずさ」に189系を起用したのは、長野運転所で両列車を共通運用した方が得策というのが理由だった。この189系化により、両列車は10両編成に増強され、さらに1978年10月からは待望の12両化が実施される。189系は運用路線が限られることで、国鉄時代は両列車のほかには定期運用がなかった。JR化後は1997年の北陸（長野）新幹線開業で本来としての用途が消滅したため、形式はそのままで183系0・1000番台の一員となり、2005年まで定期特急に運用された。

7021M 上野発中軽井沢行き特急「そよかぜ1号」189系電車12連＋EF63×2　*1980. 8.19*　信越本線横川〜軽井沢

写真でも急勾配が見て取れる碓氷峠を、後部補機のアシストで登る全車座席指定の中軽井沢行き特急「そよかぜ」。189系では非常時対応のため、各車両の窓の一部が開閉可能な構造になっているのが判る。この区間では特急の運転士は、協調運転を行なうEF63の機関士とつねに連絡を取り合っての運転だった。「そよかぜ」は首都圏から軽井沢への避暑をはじめとする観光客輸送が目的の列車であるため、1968年夏のデビューからJR化後の1994年に廃止されるまで、四半世紀にわたり季節または臨時特急として運転された珍しい列車だった。

特急そよかぜ 2 往復（全列車）（1978.7 現在）

← 上野行き										中軽井沢行き →	
①	②	③	④	⑤	⑥	⑦	⑧	⑨	⑩	⑪	⑫
指	指	指	指	指	指G	指G	指	指	指	指	指
クハ189	モハ188	モハ189	モハ188	モハ189	サロ189	サロ189	モハ188	モハ189	モハ188	モハ189	クハ189

3023M 東京発伊豆急下田行き特急「あまぎ2号」157系電車9連　*1974.12.15*　東海道本線 真鶴〜湯河原

特急「あまぎ」での運転もすっかり板に付いた157系。食堂車連結の必要がない区間を走る列車だが、9両編成時の⑦・⑧号車間が非貫通というのは、旅客や乗員にとって不便であることには変わりなかった。写真の「あまぎ2号」は新幹線と並走する関係で、横浜〜網代間がノンストップ運転となっていた。そのため、熱海への観光・用務客は利用できなかった。

特急あまぎ2・3号（上下とも）（1974.10 現在）

← 伊豆急下田行き								東京行き →
①	②	③	④	⑤	⑥	⑦	⑧	⑨
指	指	指G	指G	指	指	指	指	指
クモハ157	モハ156	サロ157	サロ157	サハ157	モハ156	クモハ157	モハ156	クモハ157

特急型でも準急型でもない「日光型特別電車」に位置づけられた157系

　157系は101系・151系・153系と同様、初期の国鉄新性能電車の仲間だが、1959年9月の日光線電化に際し、東京〜日光間の座席指定準急への使用に特化して製造されたことで、位置付けは準急型ではなく「日光型特別電車」である。当時の国鉄は日光観光輸送に東武鉄道としのぎを削っていたこともあり、157系の3等車には151系並みの回転クロスシート、2等車にはリクライニングシートが整備されトイレも洋式とされるなど、特急型並みのレイアウトだった。外観も特急としても通用するスタイルだが、準急列車への使用のためクーラーの取付けはなく、大型の窓は下降式とされた。157系は1959年11月改正から日光・那須方面への座席指定準急に使用されたが、その優秀な設備は、当時輸送力不足が深刻だった東海道特急に「ひびき」として使用されるようになり、157系が冷房改造された1963年以後は特急への使用がメインになるが、「日光」の運転も継続された。東海道新幹線三島駅開業の1969年4月からは、国鉄の増収政策もあって伊豆特急「あまぎ」専用となり、予備車が臨時特急「白根」として季節運行される。しかし、老朽化に加え下降式窓による車体の腐食が激しく、貴賓車1両を除き1976年に姿を消した。

1959. 6　日本車輌東京支店

157系新車製造時、報道公開時の一齣。先頭車には「準急・日光」のヘッドマークが付けられている。1959年前半期に日本車輌東京支店で製造された157系は6両で、うち先頭車はクモハ157-4と157-5だった。この2両は当初モハ22型22007・22009として落成する予定だったが、製造中に国鉄新性能電車の形式が3桁表示になったため、8月15日の落成時には新番号で出場している。落成時の157系の赤色は特急色ではなく、キハ58系のように朱色がかった色だった。また、写真のように先頭部下半の赤色部分の面積が広い関係で、腰部の赤色との隙間がせまくなり、見栄えが良くないため、運転開始後すぐにクリーム色の部分が広げられた。

準急日光（1959. 9 現在）

← 506T 東京行き	②	③	④	505T 日光行き ⑤	→ ⑥
①					
指3等	指3等	指2等	指3等	指3等	指3等
クモハ157	モハ156	サロ157	サハ157	モハ156	クモハ157

157系は運転開始当初、「日光」「中禅寺」「なすの」の3準急で活躍していたが、東海道特急「ひびき」に使用される機会が多くなり、1963年4月改正では「中禅寺」「なすの」は165系に交替。「日光」は1等車サロ157の連結が解かれ、モノクラス化されるものの157系で残った。写真は急行格上げ後の「日光」。冷房付きの急行は種別としてはハイレベルだが、リクライニングシートの東武鉄道特急には歯が立たなかった。「日光」はその後も「あまぎ」登場まで157系列車の地位を守った。

3023M　東京発日光行き急行「日光」157系電車6連
1966. 8.28　東北本線 赤羽〜川口　撮影：守尾 誠

急行日光（1966. 5 現在）

← 516M 東京行き	②	③	④	515M 日光行き ⑤	→ ⑥
①					
指2等	指2等	指2等	指2等	指2等	指2等
クモハ157	モハ156	サハ157	サハ157	モハ156	クモハ157

3024M 伊豆急下田発東京行き特急「あまぎ2号」157系電車7連　*1975. 11. 3*　伊東線 伊豆多賀〜来宮

特急「あまぎ」は1969年4月の運転開始以来、定期と不定期（季節・臨時）がそれぞれ2往復の設定、157系の編成は定期が9両、不定期が7両だった。しかし、1975年になると157系も老朽化とともに傷みが目立ち、撮影当時は定期列車が9両から7両に減車、不定期列車は7両からグリーン車1両を減車した6両で運転されていた。網代海岸を遠望して走る157系「あまぎ」は絵になるが、塗装の一部が剥がれるなど末期の様相を呈していた。

特急あまぎ 1 号（上下とも）（1976.3 現在）

← 6021M 伊豆急下田行き				6022M 東京行き →		
①	②	③	④	⑤	⑥	⑦
指	指	指G	指G	指	指	指
クモハ157	モハ156	サロ157	サロ157	サハ157	モハ156	クモハ157

修善寺発東京行き急行「伊豆」185系電車５連　*1981. 4*　伊豆箱根鉄道駿豆線 修善寺

田町電車区に落成配置された185系は、1981年10月１日改正までは153系運用に入り急行「伊豆」として運転される。伊豆急下田・修善寺行きの編成では、全車15両が185系のほか、185系10両＋153系5両、185系5両＋153系10両の３通りの編成があり、趣味的に楽しかった。この時期の185系は、利用客が「急行料金で乗っても構わないの？」と駅員や車掌に尋ねるほどの車両だった。

急行　伊豆下り 1・9・11 号　上り 2・6・10 号（1981.4 現在）

← 修善寺行き			東京行き →		|または| ← 修善寺行き			東京行き →		
⑪	⑫	⑬	⑭	⑮			⑪	⑫	⑬	⑭	⑮
自	自	指	指	指			自	自	指	指	指
クハ185	サハ185	モハ184	モハ185	クハ185			クハ153	サハ153	モハ152	モハ153	クハ153

設備の進化とは逆行した流れの185系

　183系化された特急「あまぎ」とともに、東京〜伊豆間の輸送を支えてきた153系電車急行「伊豆」も、1980年代になると老朽化が進行し、車両の更新が検討される。しかし、田町電車区の153系は急行「伊豆」運用とともに、東京〜沼津間の湘南電車の一員として通勤・通学輸送にも就くため、153系の代替新車にもこの仕業が引き継がれる。そこで、代替新車は特急型185系となるが、通勤輸送にも対応できるよう普通車の客用扉は1000mm幅の２ヶ所とし、座席には転換クロスシートが採用される。同時期の北海道ではシートピッチを940mmに拡大し、座席も改良型の簡易リクライニングシートとしたキハ183系が登場しており、関西では新快速用117系並みの座席とは、時代への逆行もいいところだ。このような185系を敢えて特急型に位置付けたのは、当時の国鉄の逼迫財政が関係していた。185系の登場により、1981年10月改正から「あまぎ」と「伊豆」は一本化され、特急「踊り子」として運転される。さらに185系は新前橋電車区の165系置換え用の200番台車も登場。特急列車としては、同年11月の上越新幹線開業時からは高崎線を経由する「谷川」「白根」「あかぎ」の短距離特急に投入された。また、優等列車ではないが、東北・上越新幹線が大宮始終着の間は「新幹線リレー号」にも使用された。185系はJR化後も活躍を続け、2020年3月改正で定期運用から離脱するが、車両の一部は現在もJR東日本に在籍している。

3034M 伊豆急下田発東京行き特急「踊り子14号」185系電車15連　*1981.12.17*　東海道本線 根府川～早川

急行「伊豆」を継承し、15両の長大編成で運転される伊豆急下田・修善寺併結編成。先頭から5両が修善寺始発編成で、下田編成ともども自由席車が連結されている。185系の塗装は白をベースに緑のストライプを斜めに3本配した斬新なもので、正面には列車名由来の「伊豆の踊子」をイメージした絵入りヘッドマークが掲げられた。

特急　踊り子下り3・5・15号　上り4・10・14号 （1981.10 現在）

←伊豆急下田・修善寺行き　　　　　　　　　　　　　　　　　　　　　　　　　　　　　　東京行き　→

①	②	③	④	⑤	⑥	⑦	⑧	⑨	⑩	⑪	⑫	⑬	⑭	⑮
指	指	指	指G	指G	指	指	自	自	自	自	自	自	指	指
クハ185	モハ184	モハ185	サロ185	サロ185	モハ184	モハ185	モハ184	モハ185	クハ185	クハ185	サハ185	モハ184	モハ185	クハ185
東京～伊豆急下田										東京～修善寺				

130S　大宮発上野行き「新幹線リレー10号」185系電車14連　*1983.6.15*　東北本線 尾久～上野

東北・上越新幹線は、東北新幹線が先行開業を果たした1982年6月23日から上野開業の1985年3月14日まで、大宮始終着で運転だったため、上野～大宮間に連絡列車として、同区間ノンストップ運転の「新幹線リレー号」が運転された。上越新幹線開業の1982年11月15日からは30分ヘッド運転で、全列車とも新前橋電車区の185系200番台14両編成である。185系200番台のストライプは窓下に太い一本線で、0番台に比べオーソドックスなものだった。

新幹線リレー号下り28本・上り29本（全）（1983.3現在）

← 上野行き　　　　　　　　　　　　　　　　　　　　　　　　　　　　　　　　　　大宮行き →

①	②	③	④	⑤	⑥	⑦	⑧	⑨	⑩	⑪	⑫	⑬	⑭
自	自	自	自	自	※自G	自	自	自	自	自	自	※自G	自
クハ185	モハ185	モハ184	モハ185	モハ184	サロ185	クハ185	クハ185	モハ185	モハ184	モハ185	モハ184	サロ185	クハ185

※⑥・⑬号車はシルバーカー扱い

185系の基本編成は田町電車区の0番台が5両と10両（グリーン車2両）に対し、新前橋電車区の200番台はグリーン1両連結の7両である。つまり、置換え前の153系や165系の急行編成と同一である。写真は11月15日の特急運転開始を目前に控えた籠原電車区で取材撮影した185系200番台の7両基本編成で、絵入りヘッドマークはスキーシーズンに運転される上野～石打間臨時特急「新雪」に使用予定のもの。

185系電車7連
1982.11.12　高崎線
籠原電車区

2003M 上野発水上行き特急「谷川１号」185系電車7連　*1982.11.20*　上越線　渋川～敷島

185系200番台は落成直後の1981年12月から急行「ゆけむり」「草津」「あかぎ」、1982年６月からは「新幹線リレー号」の運用に入ったが、東北・上越新幹線大宮暫定開業の1982年11月15日改正から上野～水上、万座・鹿沢口、前橋間で特急「谷川」「白根」「あかぎ」の列車名で運転を開始する。何れも同区間の急行からの格上げである。だが、車両需給の関係で165系急行もそれぞれ「ゆけむり」「草津」「はるな」として残存した。写真は下り４本・上り５本運転となった「谷川」のうち下り１号で、谷川岳をイメージした絵入りヘッドマークが秀逸である。

特急　谷川下り４本・上り５本（全）（1982.11 現在）

← 上野行き					水上行き →	
⑧	⑨	⑩	⑪	⑫	⑬	⑭
自	自	自	指	指	指G	指
クハ185	モハ185	モハ184	モハ185	モハ184	サロ185	クハ185

1006M 長野発名古屋行き特急「しなの３号」381系電車９連　*1973. 7.10*　中央本線　藪原〜宮ノ越

中央西線の全線電化で、それまでキハ181系気動車特急３往復だった「しなの」は７往復（1973年７月20日からは８往復）になり、うち５往復が381系電車での運転になる。写真は宮ノ越付近の山吹トンネルから顔を出した車体も真新しい、運転初日の381系「しなの２号」。この区間は複線化されて上り線は旧線を使用しており、トンネルポータルには改修の跡が見える。なお、381系当初の「しなの」は全車座席指定での運転だったが、10月からは「エル特急」になり①〜③号車が自由席化される。

曲線区間での大幅なスピードアップを実現した381系

　特急型電車の性能向上に加え、線路の複線化や付替え、軌道強化により、国鉄の在来電化幹線では1968年10月改正で上野〜青森、大宮〜新潟、米原〜金沢間などで、電車特急の最高速度120km/h運転が開始される。これにより、上野〜仙台／新潟間は４時間以内で結ばれ、特に上野〜仙台間特急「ひばり」の表定速度は、在来線時代の東海道電車特急「こだま」を凌ぐ90km/h近くにまで達した。しかし、それ以外の幹線路線となると急曲線（カーブ）が存在する区間が多く、スピードアップは困難だった。特に名古屋〜長野間では、500PSの大出力気動車キハ181系投入により、1972年には特急「しなの」の同区間が３時間52分にまで短縮されるが、全線電化後に最新の183系電車に置換えたとしても、短縮時間はせいぜい10分以内だった。

　そこで、「しなの」の電車化に際しては、特殊構造の台車により車体を振子作用によって内側に傾斜させることで、曲線区間でのスピードアップが可能な381系が製造される。381系のスタイルは基本的には183系を踏襲しているが、車体を振る際に駅のホームなど線路付近の障害物への接触がないよう、車体下部が大きく絞られたのと、冷房装置が床下に設置されたのが外観上での最大の特徴だった。381系「しなの」は1973年７月改正から営業に就き、名古屋〜長野間を３時間20分で結んだ。381系は中央西線の輸送改善に大きく貢献するとともに、以後の幹線における地上設備への投資を抑制する役割を果たした。

1004M 長野発名古屋行き特急「しなの2号」381系電車9連　*1973. 7.10*　中央本線　上松～倉本

複線の上松～倉本間を快走する381系「しなの3号」。中津川以北の中央西線では珍しい直線区間での写真である。381系は製造コストとの関係で、1973年7月改正では一気に全面電車化とはいかず、2往復がキハ181系のままで残存した。表定速度75.7km/hの381系と60km/h台のキハ181系とのスピード差は歴然だったがキハ181系「しなの」には食堂車が連結されていることや、運転開始直後から381系の揺れで乗客が車酔いを起こす問題が発生したことで、キハ181系を選んで乗車する旅客も少なくなかった。

特急　しなの下り1・3・6・7・8号　上り1・2・3・7・8号（1973.7現在）

←　長野行き　　　　　　　　　　　　　　　　　名古屋行き　→

①	②	③	④	⑤	⑥	⑦	⑧	⑨
指	指	指	指	指	指G	指	指	指
クハ381	モハ380	モハ381	モハ380	モハ381	サロ381	モハ380	モハ381	クハ381

3M 新宮発天王寺行き特急「くろしお3号」381系電車9連　*1980. 3.27*　紀勢本線　新宮〜三輪崎

新宮を8時20分に発車した381系「くろしお3号」は左手に太平洋の海原を望みながら天王寺まで4時間弱の旅に出る。「くろしお」の電車化で新宮〜天王寺間のスピードアップと列車増発は実現したが、食堂車がなくなったほか、紀勢本線特急の運転系統は下りが紀伊勝浦、上りが新宮で分断されたため、かつての紀勢東線と紀勢西線の時代に逆戻りしたような感じだった。特急「くろしお」はJR化後、白浜／新宮方面列車が下り用の奇数号数番号を付けるが、紀勢本線の起点は現在も亀山であることには変わりがない。

特急　くろしお　定期7往復（全列車）（1979.10 現在）

← 白浜／新宮行き							天王寺行き →	
①	②	③	④	⑤	⑥	⑦	⑧	⑨
指	指	指	指G	指	指	指	自	自
クハ381	モハ380	モハ381	サロ381	モハ380	モハ381	モハ380	モハ381	クハ381

1978年10月改正で新宮／白浜〜天王寺間特急「くろしお」は全列車が381系電車化され、定期列車だけで7往復に増発される。新宮〜天王寺間の最速所要時間は気動車時代の4時間29分から3時間52分に短縮されるが、紀伊田辺以南は単線とはいえ、表定速度は67.8km/hは満足できる数字ではなかった。電車化当初の「くろしお」は全列車がグリーン車1両付きの9両で、実質的に「しなの」と同一編成といえた。

3M 新宮発天王寺行き特急「くろしお3号」381系電車9連　*1979. 11.17*　紀勢本線　紀伊田原〜古座

7M 新宮発天王寺行き特急「くろしお7号」381系電車9連　*1982.3.16*　紀勢本線　岩代〜切目

　紀勢本線は紀伊長島〜和歌山間がリアス地形の海岸部に線路が敷設されているため、海に沿って走る列車写真を数多くカメラに収めることができた。写真の切目〜岩代間は複線区間での絶景ポイントである。381系特急「くろしお」は1980年10月の増発で、撮影当時は10往復の大台に達していた。紀勢本線沿線は道路整備が十分でなかったことで、観光シーズンや土休日の「くろしお」は乗車率が高かった。

特急　くろしお　定期9往復（全列車）（1982.7現在）

← 白浜／新宮行き						天王寺行き →		
①	②	③	④	⑤	⑥	⑦	⑧	⑨
指	指	指	指G	指	指	自	自	自
クハ381	モハ380	モハ381	サロ381	モハ380	モハ381	モハ380	モハ381	クハ381

「くろしお」「やくも」用の381系100番台

　381系は中央西線特急「しなの」のスピードアップに貢献したことで、1978年10月に電化予定の紀勢本線新宮〜和歌山間では完成時に381系を投入し、キハ81・82系「くろしお」を置き換える計画が立てられる。しかし、381系は振り子式車両特有の揺れが問題になったことや、一般の特急型電車よりも構造が複雑なこともあって、先行車は1976年11月に製造されるなど、導入には万全が期された。この「くろしお」用車両から先頭車は非貫通構造になり、100番台として区分される。また、居住性向上のため、普通車の簡易リクライニングシートにロック機構が設けられるほか、乗客の通路歩行時の安全確保のため座席背面に取っ手が最初から設置されるなど、改良が加えられた。この381系100番台は「しなの」増発用のほか、1982年7月からは岡山〜出雲市間特急「やくも」にも使用される。しかし、自然振子構造では曲線進入時における揺れは、ある程度致し方なく、その改善にはJR化後の制御付き振子車両の登場を待つことになる。

7034M 出雲市発岡山行き特急「やくも4号」381系電車9連　*1982. 10.15*　伯備線　豪渓〜総社

中国地方の陰陽連絡線である伯備線では特急「やくも」の前身にあたる「おき」が、1971年4月以来キハ181系気動車特急で運転されていたが、スピードアップと輸送力増強を狙い、1982年7月から381系電車での運転を開始する。伯備線と山陰本線は在来線特急大増発の「ヨンサントオ」こと1968年10月時点でも、電化は考えられない路線だっただけに、381系「やくも」は沿線住民から大歓迎の中でのデビューだった。設定当時の「やくも」は381系としては定番の9両編成で、定期列車は8往復の設定だった。写真の上り4号と下り7号は1往復だけの季節列車だが、当時は利用客が多かった。

特急　やくも　定期 9 往復（全列車）（1982.11 現在）

←　出雲市行き

岡山行き　→

①	②	③	④	⑤	⑥	⑦	⑧	⑨
自	自	自	指G	指	指	指	指	指
クハ381	モハ380	モハ381	サロ381	モハ380	モハ381	モハ380	モハ381	クハ381

151系を交直流用にマイナーチェンジしたような481系

　商用周波数による単相交流電化は、1910年代からドイツの幹線で試みられ、戦後のフランスではそれによる鉄道近代化が推進されていた。交流電化は直流電化に比べ車両の製造費が高いのが短所だが、変電所が少なくてすむなど、地上設備が簡単なことや、大出力を必要とする電気車への大容量送電に適している長所があり、国鉄では1950年代後半から、東北本線や北陸本線、九州地方の幹線電化に採用された。しかし、交流電化区間は新幹線や北海道内を除けば、既設の直流区間に接続しているため、東京や大阪など大都市からの直通に際しては、電車は双方の電化方式に対応できる交直流車両を製造するのが望ましかった。それにより、交直流電車は1960年に近郊型の401・421系、1962年に急行型の451・471系が登場する。形式が2つずつ存在するのは商用周波数によるもので、401・451系が50Hz用、421・471系が60Hz用である。特急用は少し遅れ、東海道新幹線開業直後の1964年12月から60Hz用の481系が、北陸特急の「雷鳥」「しらさぎ」として運転を開始する。車両スタイルは151系「こだま」が好評だったため、ボンネット型を引き継ぐ。床面が高くなったため運転台付近の形態が少し異なるが、素人目には識別のため、赤く塗りつぶしたスカート以外は見分けが付かなかった。481系は1965年に関西～九州間「つばめ」「はと」用車が増備されるが、それ以後の製造は50・60両Hz用485系が登場したことで打ち切られた。したがって481系が1形式だけで揃った列車が見られたのは1969年10月改正までで、以後は485系と混結される機会が多かった。

2002M 富山発大阪行き特急「第1雷鳥」481系電車11連　*1968. 4.29*　北陸本線　田村～坂田

交直接続のデッドセクションのある田村～坂田間を通過する上り「第1雷鳥」。全車座席指定のイメージが強い撮影当時の「雷鳥」だが、この列車は編成図に示すように自由席車を連結していた。落成当時の481系の正面はボンネットに髭がなく、車体裾部から連結器覆い、スカート部分は赤一色に塗り潰されていたが、1965年夏からは増備車に合わせ、写真のような格好になった。当時向日町運転所にはまだ485系の配置がなかったので481系だけの編成である。

特急　雷鳥2往復（全列車）（1968.4 現在）

← 大阪行き　　　　　　　　　　　　　　　　　　　　　　　　　　　　　　　富山行き　→

①	②	③	④	⑤	⑥	⑦	⑧	⑨	⑩	⑪
指2等	指2等	指2等	指1等	自1等	食堂	指2等	自2等	自2等	自2等	自2等
クハ481	モハ480	モハ481	サロ481	サロ481	サシ481	モハ480	モハ481	モハ480	モハ481	クハ481

4003M・4002 M（下り第2・上り第1）の編成を示す。4001M・4004 M（下り第1・上り第2）は全車指定席

岡山発博多／熊本方面行き特急「つばめ」481・485系電車11連　*1974.11.5*　鹿児島本線　枝光～八幡　撮影関 崇博

新幹線博多開業も5ヵ月後に迫り、在来線特急として最後の活躍を続ける481・485系特急「つばめ」。山陽新幹線岡山開業当時は581・583系の陰に隠れるような少数勢力の481・485系だったが、その後の増備で1973年10月改正後は8往復中5往復を担当していた。写真の列車は先頭車こそ481系の一員として製造されたクハ481型だが、後部のMM'ユニットは冷房機カバーの形状がAU13型と集中式のAU71型であることから、485系200番台か300番台の仲間である。

特急 つばめ 下り 4・5・6・7・8 号　上り 1・2・3・4・5 号 （1974.7 現在）

| ← 博多／熊本行き | | | | | | | | | 岡山行き → | |
①	②	③	④	⑤	⑥	⑦	⑧	⑨	⑩	⑪
指	指	指	指G	指G	食堂	指	指	自	自	自
クハ481	モハ480/484	モハ481/485	サロ481	サロ481	サシ481	モハ480/484	モハ481/485	モハ480/484	モハ481/485	クハ481

1971年春の臨時列車として登場した広島行き特急「しおじ51号」。当時の「しおじ」は5往復設定されていたが、181系が4往復、583系が1往復で481・485系の定期運用はなかった。その意味では「しおじ51―51号」は481・485系で最初に運転された列車といえた。写真のクハ481は省力化のため幕式に改造したヘッドマークを付けているが、あまり見栄えのするものではなかった。

9011M大阪発広島行き
特急「しおじ51号」481・485系電車11連
1971. 5.23　東海道本線
西ノ宮（現西宮）～芦屋（現甲南山手～芦屋）

特急しおじ 51 号（上下とも）（1971.4 現在）

| ← 9011M 広島行き | | | | | | | | | 9012M 新大阪行き → | |
①	②	③	④	⑤	⑥	⑦	⑧	⑨	⑩	⑪
指	指	指	指G	指G	食堂	指	指	自	自	自
クハ481	モハ480/484	モハ481/485	サロ481	サロ481	サシ481	モハ480/484	モハ481/485	モハ480/484	モハ481/485	クハ481

5030M　宮崎発博多行き特急「にちりん20号」481・485系電車9連　*1983. 2. 2*　日豊本線　美々津〜南日向

車両落成後、10年以上にわたり向日町運転所で北陸・山陽・九州行きに広域運用されていた481系は、山陽新幹線博多開業の1975年3月改正でサロ481・サシ481を含む全車が鹿児島運転所に転属。485系ボンネット型車とともに「有明」「にちりん」用に使用される。しかし、「にちりん」は1982年11月改正で本数増発と引き換えに、大半が南福岡電車区の485系7両に減車されていた。そうした中にあって下り19号と上り20号だけは鹿児島所の481・485系9両で運転されていた。481系はすでに老朽廃車を出していただけに、485系との混成とはいえ、全車がAU12型クーラーで揃った編成は、481系の全盛時代を彷彿させていた。

特急にちりん 19─20 号（1983.3 現在）

←　5029M　宮崎行き　　　　　　　　　　　　　　5030M 博多行き　→

①	②	③	④	⑤	⑥	⑦	⑧	⑨
指	指	指	指G	自	自	自	自	自
クハ481	モハ480/484	モハ481/485	サロ481	モハ480/484	モハ481/485	モハ480/484	モハ481/485	クハ481

9008M　会津若松発上野行き特急「会津やまばと」483・485系電車9連　*1968. 9.30*　磐越西線　磐梯町〜翁島　撮影：篠崎隆一

特急会津やまばと（1968. 9現在）

← 9008M　上野行き　　　　　　　　　　　　　9007M 会津若松行き →

①	②	③	④	⑤	⑥	⑦	⑧	⑨
指1等	指2等	指2等	食堂	指2等	指2等	指2等	指2等	指2等
クロ481	モハ482	モハ483	サシ481	モハ482	モハ483	モハ482	モハ483	クハ481

わずか52両世帯で終わった50Hz対応の483系

　東北本線東京〜仙台間の電化は1961年3月に完成し、翌1962年10月には交直流電車451系の電車急行「みやぎの」が運転を開始するが、電車特急の運転となると盛岡電化の1965年10月改正を待たなければならなかった。この改正で登場した50Hz用交直流特急型電車が483系で、上野〜盛岡間特急「やまびこ」1往復と同〜仙台間「ひばり」2往復に8両または10両で使用された。このため483系の製造両数は52両で、その中でも電動車以外は交流区間では周波数に関係なく入線できるので、サロ481・クハ481・サシ481は60Hz用481系との共通形式とされた。そのため、狭義の483系となると、モハ482＋モハ483ユニットの計30両に過ぎなかった。少数形式でスタートした483系だが、東北本線全線のほか、奥羽本線山形までの電化が完成する1968年10月改正では特急型電車の増備が大量に見込まれるため、大飛躍するところだった。しかし、技術の進歩で50・60両Hzに対応できる交直流特急型電車の製造が可能となったため、新形式は485系とされ、483系と481系の新製はストップしてしまう。そして、同改正では、東北用の電車特急は9両の統一編成とされたため、性能的に同一である483系と485系は一括りで運用される。したがって、483系だけの編成が見られたのはわずか2年に満たなかった。

1965年10月改正以来、上野〜山形・会津若松間のキハ82系気動車特急として活躍していた「やまばと」は、1968年10月改正では両編成とも単独運転の電車特急になる。しかし、この改正は全国にまたがり「ヨンサントオ」とも呼ばれるほど規模が大きかったため、列車の分離はダイヤ改正前の9月18日に実施され、会津若松行き「やまばと」は先輩の山形行きに先立って483・485系電車化される。しかし、「やまばと」2列車が上野〜郡山間を続行運転すれば誤乗の恐れがあるため、ダイヤ改正前日の9月30日まで、電車の会津若松行きは「会津やまばと」の列車名とされ、先頭車のヘッドマークにも「会津」の文字が小さく添えられた。その後、9月28日からは山形行きも電車化されたため、「会津やまばと」は「あいづ」のヘッドマークを付けて快走する。つまり、「あいづ」は列車誕生日より2日前から運転されていたわけである。写真は磐梯山をバックに走る上り「会津やまばと」。

12M　仙台発上野行き特急「ひばり1号」483・485系電車9連　*1970. 2.27*　東北本線　古河〜栗橋

1968年10月改正で483・485系電車は写真のような9両編成になり、上野方先頭車としてグリーン車のクロ481が連結される。これは、①「やまびこ」「ひばり」「やまばと」「あいづ」の4列車を同一編成で共通運用する。②奥羽本線や磐越西線の急勾配を走行できるようMT比を2:1にする。③磐越西線の線路有効長は最大9両である。④グリーン車と食堂車を連結する。の4条件の最大を満たすための施策でもあった。そのため、483系の一員として製造されたサロ481型は、7両全車がわずか3年でクロ481型に改造された。それでも足りない分は485系と同時期に新製された。こうして写真撮影当時は6往復が9両で運転されていた「ひばり」も利用客増で輸送力不足が目立ち、7月以後は順次12両編成に増強された。

特急ひばり6往復（全列車）（1970.3現在）

←上野行き　　　　　　　　　　　　　　　　　　　　　　　　　　　　　　　仙台行き　→

①	②	③	④	⑤	⑥	⑦	⑧	⑨
指G	指	指	食堂	指	指	指	指	指
クロ481	モハ482/484	モハ483/485	サシ481	モハ482/484	モハ483/485	モハ482/484	モハ483/485	クハ481

交直流特急型電車の標準形式となった485系

　わが国の商用周波数は概ね糸魚川静岡構造線に沿う形で東日本が50Hz、西日本が60Hzであるため、交流並びに交直流電気車は同一形態の車両でも50Hz用と60Hz用とが存在し、当然ながら運用範囲は限られ不便だった。しかし、将来的に両Hz区間を直通する列車の出現が予想されることや、車両の効率的な転配を考えれば50・60両Hzへの対応車が必要なことで、1968年からは481・483系の発展形式として485系が製造される。その485系は形態的には481・483系と同様の0番台車が1968年から仙台運転所、1969年には向日町運転所に配置され、両所の481・483系を吸収する形で運用される。1971年にはクハ481型のボンネット両端の前照灯をシールドビーム化し、警笛をそれまでのスカート部分からボンネット下部に変更した100番台車が登場するが、「国鉄特急型電車の顔」とはいえ、ボンネット型車の製造が20年近く続いたことで、マンネリ化の懸念だけは避けることができなかった。

博多／熊本方面発岡山行き特急「つばめ」485系電車11連　*1973.10.7*　鹿児島本線　海老津～遠賀川　撮影：加地一雄

山陽新幹線岡山開業後の九州方面電車特急はもっぱら485系で増発されたため、1973年10月改正時の向日町運転所には485系（481系を含む）は350両以上が配置され、北陸特急と共通運用されていた。車両数が多いため、先頭車クハ481は481系時代に登場した赤スカート車、485系と同期の白スカート車、ボンネット部分の趣がやや変わった100番台、貫通型の200番台のが4タイプが在籍した。写真はクハ481型100番台を先頭とする上り「つばめ」。鹿児島本線も北九州市内を過ぎると、のどかな風景が展開する。

特急　つばめ下り4・5・6・7・8号　上り1・2・3・4・5号　（1973.10 現在）

← 博多／熊本行き　　　　　　　　　　　　　　　　　　　　　　　　　　　　岡山行き →

①	②	③	④	⑤	⑥	⑦	⑧	⑨	⑩	⑪
指	指	指	指G	指G	食堂	指	指	自	自	自
クハ481	モハ480/484	モハ481/485	サロ481	サロ481	サシ481	モハ480/484	モハ481/485	モハ480/484	モハ481/485	クハ481

回3006M（下関発新大阪行き特急「しおじ2号」485系電車11連　*1975. 2. 9*　東海道本線　高槻〜山崎（現島本〜山崎）

撮影当時、新大阪／大阪〜広島／下関間特急「しおじ」は5往復の運転で、うち1往復が583系である以外は481・485系で占められていた。新大阪〜岡山間には新幹線があるのに大阪市内を始終着とする列車が存在するのは、岡山や広島付近に大規模な車両基地が存在しないのが理由だった。写真は下関から「しおじ2号」でやってきた485系を基地の向日町運転所に回送中のシーンで、瀟洒な酒造会社の建物も良き被写体になっている。

特急　しおじ下り1・3・4・5号　上り1・2・3・5号（1975.2 現在）

| ← 広島／下関行き | | | | | | | | | 大阪／新大阪行き → | |
①	②	③	④	⑤	⑥	⑦	⑧	⑨	⑩	⑪
指	指	指	指G	指G	食堂	指	指	自	自	自
クハ481	モハ480/484	モハ481/485	サロ481	サロ481	サシ481	モハ480/484	モハ481/485	モハ480/484	モハ481/485	クハ481

3031M　金沢発新潟行き特急「北越」485系電車12連　*1980. 7.29*　信越本線　柿崎～米山

窓一面に日本海を眺めながら新潟を目指す特急「北越」。1978年10月改正で大阪～新潟間特急が「雷鳥」に編入されたため、「北越」は金沢～新潟間1往復だけの運転だった。同区間の電化方式は金沢～糸魚川間が交流60Hz2万V、糸魚川～新潟間は直流1500V。車両は向日町運転所の485系が使用されたが、撮影当時の同所配置のクハ481型は26両中、22両が100番台のボンネット車だった。

特急北越（1980.7現在）

← 3032M　金沢行き

3031M　新潟行き　→

	①	②	③	④	⑤	⑥	⑦	⑧	⑨	⑩	⑪	⑫
	指	指	指	指G	指G	食堂	指	指	指	自	自	自
	クハ481	モハ484	モハ485	サロ481	サロ481	サシ481	モハ484	モハ485	サハ481	モハ484	モハ485	クハ481

183系とは一味違った貫通型の485系200番台

　485系0番台と100番台はクハ481型のボンネット型が好評だったが、1974年度以後に予定される山陽新幹線博多延伸や、東北・上越新幹線開業後は短編成での分割・併合運転も予想された。そのため、485系は、1972年8月の製造車両からクハ481型の正面形状をクハ583型やクハ183型のような貫通型に、客室内に冷房機器室が設置されていることで、定員の少ないパンタグラフ付きのモハ485型のクーラーを、集中式のAU71型に変更することで定員を増したほか、モハ485型を除く形式のクーラーも"きのこ型"といわれるAU12型からAU13型に変更されるなど、モデルチェンジが図られた。このため、別形式にしても差支えがないような車両だったが、性能が既存車と同一であることと、混用して使用するので、形式はそのままで200番の番台区分が付けられた。クハ481型200番台は塗装との関係で、一見183型0番台のように正面マスクだが、運転台の屋根に前照灯が付けられているほか、窓も少し高い位置にあるため、印象は異なっている。

3031M　岡山発宮崎行き特急「みどり2号」485系電車11連　*1975. 2.10*　山陽本線　瀬野

山陽本線瀬野駅を通過する関西～九州間特急時代の下り「みどり」。山陽新幹線が岡山までの時代では、山陽・九州方面への特急列車は関西始終着と岡山始終着とでネームが分けられていたが、「みどり」は2往復での運転のためそうした区別はなく、下り方の行先も大分と宮崎の2ヶ所があり、上下計4本の運転区間が異なるというユニークな列車でもあった。貫通式のクハ481型200番台も頭上の前照灯の有無だけでも583系同様、幹線特急の風格が感じられる。

特急　みどり2往復（全列車）（1975.2現在）

←　大分／宮崎行き　　　　　　　　　　　　　　　　　　　　　　岡山／新大阪行き　→

①	②	③	④	⑤	⑥	⑦	⑧	⑨	⑩	⑪
指	指	指	指G	指G	食堂	指	指	自	自	自
クハ481	モハ480/484	モハ481/485	サロ481	サロ481	サシ481	モハ480/484	モハ481/485	モハ480/484	モハ481/485	クハ481

34M　盛岡発上野行き特急「やまびこ2号」485系電車12連　*1975. 1. 5*　東北本線　片岡〜蒲須坂

東北本線在来線時代の「やまびこ」は1965年10月の運転開始時、仙台運転所の483系が使用されていたが、その後幾度かの変遷を経て、1973年10月改正からは季節列車を含む5往復全列車が青森運転所の485系12両での運転になる。撮影当時青森所の485系は先頭車がクハ481型200番台で統一されていたが、中間車にはボンネット車と同期のAU12型クーラーの車両が入ることもあり、趣味的に面白かった。

特急　やまびこ5往復（全列車）（1975.1 現在）

←上野行き　　　　　　　　　　　　　　　　　　　　　　　　　　　　　　　　　盛岡行き →

①	②	③	④	⑤	⑥	⑦	⑧	⑨	⑩	⑪	⑫
指	指G	指	指	指	指	食堂	指	指	指	指	指
クハ481	サロ481	モハ484	モハ485	モハ484	モハ485	サシ481	モハ484	モハ485	モハ484	モハ485	クハ481

絵入りヘッドマークでスターの座をつかんだ485系300番台

　485系は先頭車がクハ481型200番台になる仲間だけで300両以上に及ぶ所帯になるが、貫通型車の所定両数が満たされたことや、運転室の居住性改善のため、1974年の新製車からはクハ481型が正面非貫通の形態になり、300の番台区分が付けられる。正面スタイルは単にクハ481型200番台の貫通路部分を埋めただけで、大きな壁が立ちはだかるような圧迫感があり、ボンネット型に戻してほしいとは言わないものの、もう一工夫欲しいところだった。だが、乗務員からは運転台部分が広く、そのうえ200番台のような貫通型独特の隙間風の進入もないことで、好評だったようだ。その後、1978年10月改正から、183系や583系などの可変式ヘッドマークは、それまでの文字だけの列車名表示から絵入りになるが、それが一番映えたのはヘッドマーク部分が大きいクハ481型300番台で、上野など主要駅にはカメラを持った年少のファンが押し寄せた。485系300番台は絵入りヘッドマークの採用で花が開いた車両といえた。

4002M　青森発大阪行き特急「白鳥」485系電車12連　*1980. 8.29*　信越本線　鯨波〜青海川

　去り行く夏休みを惜しむ海水浴客の姿も見える鯨波付近の海岸線を行くクハ481型300番台を先頭とする特急「白鳥」。1972年10月の日本海縦貫線電化で電車化された「白鳥」は、50・60の両Hzに対応できる485系にとって、最も威力を発揮できる列車だった。北海道連絡のため4:50に交流50Hzの青森を発車した「白鳥」は、今1度目の直流区間を通過。糸魚川から交流60Hz区間を経て2度目の直流区間の大阪に到着するのは18:25。食堂車が連結されているとはいえ、長旅である。なお、「白鳥」の481型にはこの300番台のほか、0番台・100番台・200番台・1000番台・1500番台と、歴代すべての番台区分が関わっている。

特急白鳥 （1980. 6 現在）

← 4002M　大阪行き　　　　　　　　　　　　　　　　　　　　　　　　　　　　　　4001M　青森行き　→

①	②	③	④	⑤	⑥	⑦	⑧	⑨	⑩	⑪	⑫
自	自	自	指	指	指G	食堂	指	指	指	指	指
クハ481	モハ484	モハ485	モハ484	モハ485	サロ481	サシ481	モハ484	モハ485	モハ484	モハ485	クハ481

1010M　仙台発上野行き特急「ひばり10号」485系電車12連　*1980. 4.23*　東北本線　船岡～大河原

撮影当時、上野～仙台間で15往復の「ひばり」は全列車が485系12両編成で、仙台運転所と青森運転所が車両を受け持っていた。仙台所編成の一部には483系の電動車ユニットが入ったり、仙台方にボンネット車が付く編成もあったが、上野方の先頭車は両所とも貫通型のクハ200番台か非貫通型の300番台かの何れかであった。「エル特急」でもある「ひばり」は本数が多い分、絵入りヘッドマークが撮影される機会が多く、東海道時代のクハ151型の代名詞が「こだま」なら、クハ481型300番台は、東北新幹線開業前におけるエル特急の代名詞といえた。

特急　ひばり 15 往復（全列車）（1980. 6 現在）

←上野行き　　　　　　　　　　　　　　　　　　　　　　　　　　　　　　　　　　　　　仙台行き　→

①	②	③	④	⑤	⑥	⑦	⑧	⑨	⑩	⑪	⑫
指	指	指	指	指	指G	食堂	指	指	自	自	自
クハ481	モハ484/482	モハ485/483	モハ484/482	モハ485/483	サロ481	サシ481	モハ484/482	モハ485/483	モハ484/482	モハ485/483	クハ481

2042M　青森発上野行き特急「鳥海」485系電車12連　*1984. 3. 2*　羽越本線　南鳥海〜本楯

東北・上越新幹線大宮暫定開業の1982年11月改正では、上野始発の東北・上越方面行き特急は輸送体系が見直され、原則的に大宮発着とされるが、高齢者など途中乗換えを嫌う利用客もいるため、上野始発の在来線優等列車も少数ながら存続する。上野〜青森間を上越・羽越線経由で結ぶ「鳥海」もその一つで、青森運転所の485系12両編成が使用された。同改正の東日本では「白鳥」とともに食堂車営業も行なう貴重な列車にもなった「鳥海」は、長旅が苦にならない旅客から好評のうちに、上野開業の上越新幹線にバトンを渡した。写真は列車名由来の鳥海山をバックに走る上り「鳥海」。

特急鳥海（1984. 2 現在）

← 2041M　上野行き　　　　　　　　　　　　　　　　　　　　　　　　　　　　　　2041M　青森行き　→

①	②	③	④	⑤	⑥	⑦	⑧	⑨	⑩	⑪	⑫
自	自	自	指	指	指G	食堂	指	指	指	指	指
クハ481	モハ484	モハ485	モハ484	モハ485	サロ481	サシ481	モハ484	モハ485	モハ484	モハ485	クハ481

耐寒・耐雪構造を強化した485系1000番台と1500番台

　485系は、その先行形式の481系・483系が設計された時点から、寒地や豪雪地帯を抱える線区で使用することが決定していたため、3形式とも当初から耐寒・耐雪構造で登場している。しかし、本州でも気象条件が厳しい東北北部や、北海道での使用を考慮し、485系の耐寒・耐雪構造をより強化したのが、485系1000番台と同1500番台である。この両番台区分は北海道向けの1500番台の方が早く、300番台と同じ1974年に落成している。当時北海道の711系電車急行「さちかぜ」「かむい」が好評であることで、711系の足回りに485系の車体を載せた交流特急車が計画されるが、711系の主変圧器等のPCBが使用できなくなるため、計画を断念。北海道向けの本格的交流特急車が製造されるまでの間のつなぎとして、1974年夏の特急運転に間に合わせるため、急遽製造されたのが485系1500番台である。485系300番台を酷寒地向けの耐寒・耐雪構造とし、雪中での視界確保のため運転台上部の前照灯を2灯にしたのが特徴といえた。485系1000番台は、1500番台とは別に、1975年に電車化予定の「つばさ」用に183系1000番台に準じた耐寒・耐雪設備を施した車両で、以後も東北地方の標準仕様として1979年まで製造が続けられた。なお、485系の食堂車は1975年3月改正後、余剰を生じたことで485系1000番台と1500番台ではサシ形式は製造されず、連結を必要とする列車には在来車が編成に入った。

1042M　秋田発上野行き特急「つばさ1号」485系電車12連　*1976.5.5*　奥羽本線　赤岩（現板谷〜庭坂）

東北地方の幹線で電化が立ち遅れていた奥羽本線羽前千歳〜秋田間も、1975年10月に工事が完成し、「つばさ」2往復は11月25日から485系での運転が開始される。しかし、485系1000番台の落成がダイヤ改正に間に合わず、当初は200番台を使用。新車が秋田運転区に配置された1976年2月から4月にかけて1000番台に置き換えられた。写真はスイッチバックで有名だった赤岩駅を通過するサシ481以外は1000番台の新車で固めた上り「つばさ」。

特急　つばさ2往復（全列車）（1976.7 現在）

← 上野行き　　　　　　　　　　　　　　　　　　　　　　　　　　　　　　　　　秋田行き　→

①	②	③	④	⑤	⑥	⑦	⑧	⑨	⑩	⑪	⑫
指	指	指	指	指	指G	食堂	指	指	指	指	指
クハ481	モハ484	モハ485	モハ484	モハ485	サロ481	サシ481	モハ484	モハ485	モハ484	モハ485	クハ481

1004M　旭川発札幌行き特急「いしかり4号」485系電車6連　*1979. 6.11*　函館本線　近文〜伊納（現近文〜納内）

当初の予定より1年遅れの1975年7月18日から7往復の運転を開始した485系1500番台の「いしかり」は、好評で迎えられた。しかし、車体構造が根本的に北海道向けでない485系にとって、同年の年末から大雪による車両故障が発生し、1976年からは冬季に数往復の計画運休措置が取られた。そして、781系量産車登場により1980年6月に北海道特急の任を解かれた。撮影時には781系試作車も「いしかり」の運用に加わっていた。

特急いしかり7往復（全列車）（1979.8現在）

← 　札幌行き　　　　　　　　　　　　　　旭川行き　→

①自	②指	③自	④自	⑤自	⑥自
クハ481	モハ484	モハ485	モハ484	モハ485	クハ481

北海道電車特急の運用を離脱した485系1500番台は青森運転所に転属し、481系1000番台の一員として運転を開始する。写真は1982年11月改正で「白鳥」の弟分として登場した福井発の「白鳥」に活躍する姿だが、この程度の雪なら心配なさそうだ。実は485系1500番台は落成から渡道までの約1年間は青森所に仮配置され、1974年7月から1975年2月頃までは「白鳥」の編成にも入っているので、「この道はいつか来た道……」といったところだろう。

2001M　福井発青森行き
特急「白鳥1号」485系電車9連
1984. 3. 1　羽越本線　桑川〜今川

特急白鳥1—4号（1984. 2現在）

← 　2002M　福井行き　　　　　　　　　　2001M 青森行き　→

①自	②自	③自	④指	⑤指	⑥指G	⑦指	⑧指	⑨指
クハ481	モハ484	モハ485	モハ484	モハ485	サロ481	モハ484	モハ485	クハ481

7022M　中軽井沢発上野行き特急「そよかぜ2号」489系電車9連　*1985. 6.15*　高崎線　北本〜桶川

平坦な高崎線を高速走行する489系0番台の特急上り「そよかぜ」。先頭車クハ489系500番台が機関車との連結とはいえ、連結器や開放テコ、ジャンパ栓が剥き出しなのは、ボンネット型に馴染まないが、逆に山に挑む迫力を感じる。しかし、1985年改正で489系列車が9両に減車された時は、協調運転の意義は一体何だったのかと考えさせられるものだった。

特急そよかぜ3往復（全列車）（1984. 2現在）

| ←　上野行き | | | | | | 中軽井沢行き→ | | |
①	②	③	④	⑤	⑥	⑦	⑧	⑨
指	指	指	指G	指	自	自	自	自
クハ489	モハ488	モハ489	サロ489	モハ488	モハ489	モハ488	モハ489	クハ489

協調運転を行なうEF63とクハ489型600番台との連結部。クハ489型600番台の連結器は国鉄電車標準の密着連結器で、EF63は双頭連結器で対処している。

3012M　金沢発上野行き特急「白山2号」EF63×2＋489系電車12連　*1980. 8.19*　信越本線　軽井沢〜横川

信越本線で抜群の輸送力を示した489系

　アプト式鉄道で有名だった碓氷峠の66.7‰は、1963年10月に完全粘着運転に切りかえられ、同時に上野～長野間での電車運が開始。さらに1966年7月には横川～軽井沢間の複線化が完成したため、輸送力は大幅にアップする……、と書きたいところだが、実際にそう簡単にはいかなかった。つまり、峠の線路は近代化されても66.7‰が残存したため、安全上の観点から列車本数と、電車は8両、気動車は7両、客車は11両といった連結両数の制限を受けたのである。通常期ならこれでもいいが、夏の観光シーズンに輸送力不足が表面化するまでには、時間がかからなかった。そこで、1968年に急行型165系電車にEF63型との協調運転設備を付加した169系が登場。他の幹線並みの12両運転に成功する。しかし、同仕様の特急型電車はなぜか開発が遅れ、1971年7月になって485系に横軽対応の489系が登場。1972年3月改正では上野～金沢間に急行から格上げの「白山」、1973年10月には「あさま」の増発列車に使用され、181系の1.5倍に当たる抜群の輸送力を見せつけた。この489系の実績が189系の誕生につながることは記すまでもなかった。ところで、489系は1979年まで増備が進むが、この約8年の間に母体形式である485系の正面スタイルがボンネット型から貫通型、さらに非貫通型へと変遷したため、489系も同じ道をたどり、3つの正面マスクが出来上がってしまった。0番台、200番台、300番台は485系同様だが、機関車と連結する山麓側（上野側）に付く先頭車は、それぞれ500番台、600番台、700番台とされる。アプト式が解消しても横川～軽井沢間の運転や輸送改善には苦心がつきまとい、碓氷峠は最後まで碓氷峠だったのだ。

3012M　金沢発上野行き特急「白山2号」EF63×2＋489系電車12連　*1980. 8.19*　信越本線　軽井沢～横川

　EF63重連に牽引され、碓氷峠の66.7‰を下る489系200番台の特急上り「白山」。この角度でも乗務員扉付近の赤色の塗り分けで489系電車であることが分かる。横川～軽井沢間で協調運転を行なう下り列車（軽井沢方面行き）の最高速度は、資料ではなぜか100km/hとされているが、上り列車（横川方面行き）は35km/hに抑えられていた。急勾配を下る時の安全を考えれば、当然の規制である。

特急　白山3往復（全列車）（1980. 6 現在）

← 上野行き											金沢行き →
①	②	③	④	⑤	⑥	⑦	⑧	⑨	⑩	⑪	⑫
自	自	自	指	指	指G	指G	指	指	指	指	指
クハ489	モハ488	モハ489	モハ488	モハ489	サロ489	サロ489	モハ488	モハ489	モハ488	モハ489	クハ489

特急　白山3往復（全列車）（1974. 7 現在）

①	②	③	④	⑤	⑥	⑦	⑧	⑨	⑩	⑪	⑫
指	指	指	指G	指G	食堂	指	指	指	指	指	指
クハ489	モハ488	モハ489	サロ489	サロ489	サシ489	モハ488	モハ489	サハ489	モハ488	モハ489	クハ489

← 上野行き　　　　　　　　　　　　　　　　　　　　　　　　　　　金沢行き　→

489系0番台の金沢行き特急「白山」が地平時代の赤羽駅付近を通過する。京浜東北線は高架化されているが、地平部分には「白山」が行く東北本線の複線のほか、東北貨物線の複線、それに当時貨物営業を行なっていた赤羽駅の貨物用設備の側線があり、合計10本以上の線路が並んでいた。写真手前の踏切は板橋街道が交差するため設けられていたもので、終日警手が詰めていたが、旅客や貨物列車が通過するほか入換用のDD13型が貨車を牽いて行き来するため、「開かずの踏切」と呼ばれていた。現在の赤羽駅からは想像も付かない昭和の風景である。

3005M　上野発金沢行き特急「白山2号」489系電車12連
1974. 5. 6　東北本線　赤羽〜川口

1970年前後は人気絶頂だった581・583系電車

　電車は振動や騒音から優等列車には向かないというのが、戦前・戦後における国鉄での通説だったが、1957年以後に製造された新性能電車の静かで乗り心地の良い居住性は、そうした見解を過去のものにする。そして、1960年代になると電車は幹線の特急・急行に進出し、1964年には新幹線の超特急にまで登り詰める。そうなると、電車を寝台列車にも使用する構想が出されるのも一連の流れであり、特に電車ではスピードを生かし、昼間は座席車・夜間は寝台車といった両用での使い方が検討される。これは当時、都市部では地価の高騰で車両基地の拡張が困難になっていたため、それを抑える目的もあった。この昼夜兼用寝台電車は当初急行型で計画されたが、双方の特性を最大限に生かすため、特急型に変更。2等での設備とするため、昼間はシートピッチの大きい固定クロスシート、夜はプルマンタイプの2等寝台を三段式にした寝台レイアウトが採用された。

　この昼夜兼行型電車は、差し当たっては投資効果の大きい関西〜九州間で使用するため、481系を規範にした交直流電車となり、足回りや機器は同一とされる。こうした思想で製造された581系電車は、1967年10月から新大阪〜博多間寝台特急「月光」、同〜大分間で昼行特急「みどり」で運転を開始する。581系は60Hz用だが、翌1968年10月改正では50・60両Hz用の583系が登場し、全線電化された東北本線に進出するなど、一時代を築いた。581・583系について、本編では特別な場合を除き583系と表記した。

13M　新大阪発博多行き特急「月光2号」　583系電車12連　*1970. 8.22*　山陽本線　岡山

本来なら旅客が寝静まった深夜の1時過ぎに岡山駅ホームに入るはずの下り「月光」だが、この日は台風による遅延で昼間の時間帯になって到着。万国博開催に旧盆輸送、そこへ台風と、この夏の国鉄は大変だった。583系は寝台電車のため車体断面が大きく、高運転台であるにもかかわらず正面貫通式としたことで、独特の顔が出来上がった。先頭車は乗務員用扉と客用扉の間に機械室のあるクハネ581型

特急 月光 2 往復（全列車）（1970. 8 現在）

←博多行き　　　　　　　　　　　　　　　　　　　　　　　　　　　　　新大阪行き　→

①	②	③	④	⑤	⑥	⑦	⑧	⑨	⑩	⑪	⑫
B寝台	B寝台	指G	B寝台	B寝台	食堂	B寝台	B寝台	B寝台	B寝台	B寝台	B寝台
クハネ581	サハネ581	サロ581	モハネ582/580	モハネ583/581	サシ581 (休止)	モハネ582/580	モハネ583/581	サハネ581	モハネ582/580	モハネ583/581	クハネ581

1003M　岡山発西鹿児島行き特急「つばめ３号」583系電車12連
1975. 2. 10　山陽本線　瀬野〜安芸中野（現瀬野〜中野東）

1968年10月改正では関西〜九州間のフラッグシップトレイン「つばめ」の座に着き、人気絶頂だった
583系だったが、その後昼行特急は485系が増備され、寝台客車特急は二段式に進化すると、せっかく
の昼夜兼行の設備も魅力のあるものではなくなり、人気にも陰りの色が見え始めてきた。写真の下り
「つばめ３号」は東京〜西鹿児島間の日着を実現させた列車としても知られる。

特急　つばめ下り１・２・３号　上り６・７・８号（1975.2 現在）

←熊本／西鹿児島行き　　　　　　　　　　　　　　　　　　　　　　　　　　　　　　　岡山行き　→

① 指	② 指	③ 指Ｇ	④ 指	⑤ 指	⑥ 食堂	⑦ 指	⑧ 指	⑨ 自	⑩ 自	⑪ 自	⑫ 自
クハネ581	サハネ581	サロ581	モハネ582/580	モハネ583/581	サシ581	モハネ582/580	モハネ583/581	サハネ581	モハネ582/580	モハネ583/581	クハネ581

16M　青森発上野行き特急「ゆうづる14号」583系電車13連　*1980. 8. 12*　常磐線　牛久〜佐貫(現龍ケ崎市)

写真撮影当時、上野〜青森間寝台特急「ゆうづる」は電車・客車を合わせて7往復運転され、"夜のエル特急"といった形容がぴったりするような列車だった。583系はうち3往復を担当し、足の速さを武器に北海道連絡輸送に活躍していた。先頭車は114ページのクハネ581型に対し、客用扉を運転台側に移設することで定員を増やしたクハネ583型。1970年前後の東北583系寝台特急の切符争奪戦は熾烈を極め、国鉄では583寝台定員を増やす努力をしていたのだ。

特急　ゆうづる下り 1・3・5号　上り 10・12・14号　(1980. 6現在)

←　上野行き　　　　　　　　　　　　　　　　　　　　　　　　　　　　　　　　　　青森行き　→

①	②	③	④	⑤	⑥	⑦	⑧	⑨	⑩	⑪	⑫	⑬
B寝台	B寝台	B寝台	B寝台	B寝台	指G	食堂	B寝台	B寝台	B寝台	B寝台	B寝台	B寝台
クハネ583	モハネ582	モハネ583	モハネ582	モハネ583	サロ581	サシ581 (休止)	モハネ582	モハネ583	モハネ582	モハネ583	サハネ581	クハネ583

6M　青森発上野行き特急「はくつる」583系電車13連　*1979. 7.22*　東北本線　蓮田～東大宮

多本数を誇る「ゆうづる」に対し、同じ上野～青森間寝台特急でも東北本線経由の「はくつる」は、東北新幹線大宮暫定開業時に2往復に増発されるまで1往復のままだった。これは夜間の東北本線は奥羽本線への直通のほか、貨物列車の本数が多くスジを入れるのが困難なことが理由であった。しかし、その分"孤高の寝台特急"として北海道連絡輸送に励んでいた。

特急はくつる（1979.8 現在）

← 6M　上野行き   5M 青森行き　→

①	②	③	④	⑤	⑥	⑦	⑧	⑨	⑩	⑪	⑫	⑬
B寝台	B寝台	B寝台	B寝台	B寝台	指G	食堂	B寝台	B寝台	B寝台	B寝台	B寝台	B寝台
クハネ583	モハネ582	モハネ583	モハネ582	モハネ583	サロ581	サシ581 （休止）	モハネ582	モハネ583	モハネ582	モハネ583	サハネ581	クハネ583

3001M　新大阪発宮崎行き特急「彗星1号」583系電車12連　*1980. 3. 32*　日豊本線　南日向～美々津

　日豊本線は南宮崎までの電化が583系の増備終了後の1974年4月だったことで、583系が寝台特急「彗星」に進出するのは新幹線博多開業の1975年3月改正でのことである。原風景が見られる日豊本線沿線を行くクリーム色と青の583系も絵になったが、運賃値上げの影響で利用客が伸びず、長大編成を持て余し気味だった。

特急彗星 1—6 号（1980. 6 現在）

← 3001M 宮崎行き　　　　　　　　　　　　　　　　　　　　　　　　　　　　　　　　　　3002M 新大阪行き　→

①	②	③	④	⑤	⑥	⑦	⑧	⑨	⑩	⑪	⑫
B寝台	B寝台	B寝台	指	指G	食堂	B寝台	B寝台	B寝台	B寝台	B寝台	B寝台
クハネ581	サハネ581	モハネ582/580	モハネ583/581	サロ581	サシ581 (休止)	モハネ582/580	モハネ583/581	サハネ581	モハネ582/580	モハネ583/581	クハネ581

781系解説

781系は北海道内での冬季の使用が困難な485系1500番台に替わる北海道専用の特急型電車として、1978年に試作車6両編成が落成。1980年には量産車が登場し、同年6月には「いしかり」全列車を781系に置換えたあと、室蘭・千歳線電化の同年10月から特急「ライラック」としての運転を開始する。北海道の電化区間は完全に独立していることで、781系は在来線では初の交流専用特急車となり、耐寒・耐雪設備や機器類を極力711系に合わるほか、MTユニットを採用するなど北海道内専用特急車として位置づけられた。北海道では、781系により冬場にも電車特急の安定した運用ができるほか、781系の暖色系の車内レイアウトや居住性が利用客から好評だったため、以後のキハ183系にも受け継がれた。

1006M　旭川発札幌行き特急「いしかり6号」781系電車6連　*1979. 8.24*　函館本線　札幌

781系の試作車は1979年3月から「いしかり」の定期運用に入り、485系1500番台と共通運用された。居住性は設計が新しい781系の方が断然優れているが、列車を選んで乗車するのは難しいようだった。781系の試作車は冷房故障時の対策として各車両とも2ヵ所の窓の上半部が内側に開く構造とされていた。

特急いしかり7往復（全列車）（1979.8現在）

← 札幌行き				旭川行き →		
①	②	③	④	⑤	⑥	
自	指	自	自	自	自	（485系と共通運用）
クモハ781	サハ780	モハ781	サハ780	モハ781	クハ780	

1005M　室蘭発旭川行き特急「ライラック5号」781系電車6連　*1980.10.1*　千歳線　沼ノ端〜植苗

開業初日の特急「ライラック」。運転区間が室蘭・千歳線に延長されたため、室蘭〜旭川間262.5kmを3時間40分で結ぶ中距離の仲間入りを果たす。写真の「ライラック」は3線区間のうち、千歳線の下り線を走行。架線のない左側の複線は室蘭本線である。千歳線の上り線はこの写真の左側を3線区間からは少し離れた位置にある。

特急　ライラック9往復（全列車）（1980.10現在）

← 室蘭／札幌行き				旭川行き →	
①	②	③	④	⑤	⑥
自	指	自	自	自	自
クモハ781	サハ780	モハ781	サハ780	モハ781	クハ780

室蘭・千歳線の電化開業に伴い、リラの花をイラストした絵入りヘッドマークに差し替えた札幌始発の「ライラック」上り一番列車が、報道陣や鉄道ファンでごった返す千歳空港を発車し、室蘭を目指す。この美々〜植苗間の線路を電車特急としての第一歩を記すのは、時刻からこの「ライラック2号」である。初乗りを含む多数の旅客を乗せた同列車だが、781系の正面にはこれといった装飾はなく、写真だけではふだんの日と変わりがない。

1002M　札幌発室蘭行き
特急「ライラック2号」781系電車6連
1980.10.1　千歳線　美々〜植苗（現南千歳〜植苗）

3035M　上野発会津若松行き特急「あいづ」483・483系電車9連　*1975. 1. 5*　東北本線　蒲須坂〜片岡

東北本線の直流区間を行く、下り特急「あいづ」の先頭車クハ481型に冬の斜光が反射する。誰の目にも格好の良いボンネット型のフォルムは、"特急の王様"にふさわしく、赤とクリーム色の秀逸なラインが列車の美しさを引き立てる。国鉄と昭和が去って早くも30年以上を経過したが、現在も国鉄復刻色の車両がイベント用などに使用されるのは、いかに国鉄時代の車両が魅力的な存在であったか、この写真だけでも分かるような気がする。

特急あいづ（1975.2 現在）

←　1034M　上野行き							1035M　会津若松行き　→	
①	②	③	④	⑤	⑥	⑦	⑧	⑨
指G	指	指	指	指	食堂	指	自	自
クロ481	モハ484	モハ485	モハ484	モハ485	サシ481	モハ484	モハ485	クハ481

4章
電車列車
～電車急行列車の足跡～

3602M 直江津発上野行き急行「よねやま」165系電車13連　*1977. 1.15*　上越線　湯檜曽～水上

上越線を行く急行「よねやま」。幹線電車急行にふさわしく橙色と緑のツートンカラーをまとった165系電車の姿は、国鉄の標準化思想とともに風格を感じさせ、読者を「国鉄の佳き時代」にいざなう。この写真は28～29ページのカラー撮影時にモノクロフィルムで撮影された作品である。

102M 大阪発東京行き急行「六甲」153系電車12連　*1964. 8. 8*　東海道本線　興津〜由比　撮影:鈴木孝行

撮影当時、東京〜大阪間昼行電車急行は広島直通の「宮島」を含めると6往復設定されていた。その中でも東京・大阪の両駅を8:30に発つ「六甲」は目的地に早く到着ができるため、ひと際混雑の激しい列車として知られていた。1963年11月の鶴見事故の影響で、東海道本線の時刻は1964年3月に見直しが実施され、上り電車急行の一部はスピードダウンを余儀なくされるが、この「六甲」は従前の7時間30分運転を守った。

急行型電車の標準型を形成した153系

　151系特急型電車と同期の1958年に製造が開始された急行型電車が153系である。先頭車は戦後の新製電車形式としては初の貫通型の正面を持つが、優等列車に使用するためパノラミックウィンドウが採用され、その下部の2つの前照灯とともに、以後の急行型や近郊型の標準スタイルになる。

　153系は、特急「こだま」と同じ1958年11月1日から準急「東海」として運転されたことで、「東海型電車」と呼ばれる。当初は中距離の準急への使用が目的だったが、151系同様に空気バネ台車を履いていることで乗り心地がよく、1960年には東海道急行に進出。翌1961年には急行型にふさわしく、リクライニングシート装備の1等車と2等・ビュフェ合造車が登場。ビュフェ部分には寿司コーナーも設置され、カウンターで好みのネタの江戸前寿司を摘まめると好評を博した。153系は性能的に平坦区間向けの車両であるため、東海道本線と山陽本線を中心に活躍した。

107M 東京発大阪行き急行「第1せっつ」153系電車12連　*1963. 7. 7*　東海道本線　戸塚～大船

東京～大阪間電車急行としては最も早い1960年6月に登場した「せっつ」には、1961年10月改正から同名の夜行列車が設定された関係で、昼行は上下とも「第１せっつ」の列車名を名乗っていた。当時昼行電車急行の東京～大阪間到達時分は、特急より１時間遅いだけの７時間30分（何と客車特急時代の「つばめ」「はと」と同じ）だったため、どの列車も乗車率が高く、写真の下り「第1せっつ」も窓の開閉状態から混雑ぶりがうかがえる。

東京に17:00に到着した上り「第１なにわ」は田町電車区で清掃や車両点検を実施したあと東京に戻り、20:10発の広島行き夜行急行「第２宮島」としてロングランの旅に出る。153系は昼夜をいとわず走り続けていたわけで、こうした運用が注目され、やがて昼夜兼用特急型寝台電車581系への誕生につながっていく。

回104M（　大阪発東京行き急行「第１なにわ」）153系電車12連　*1963. 7. 14*　東海道本線　東京～新橋

急行六甲・せっつ・なにわ（1964.9 現在）

←　101M　大阪行き（六甲）　　　　　　　　　　　　　102M　東京行き（六甲）　→
←　107M　大阪行き（第１せっつ）　　　　　　　　　108M　東京行き（第１せっつ）　→
←　105M　大阪行き（なにわ）　　　　　　　　　　　104M　東京行き（なにわ）　→

①	②	③	④	⑤	⑥	⑦	⑧	⑨	⑩	⑪	⑫
自2等	自2等	自2等	自2等・ビ	自1等	指1等	自2等・ビ	自2等	自2等	自2等	自2等	自2等
クハ153	モハ152	モハ153	サハシ153	サロ152	サロ152	サハシ153	モハ152	モハ153	モハ152	モハ153	クハ153

109M東京発大阪行き急行「よど」153系電車12連　*1963. 6.30*　東海道本線　川崎〜横浜

下り急行「よど」が満員の利用客を乗せ大阪へと旅立っていく。東京〜大阪間電車急行の2等車は編成図が示すようにすべて自由席だったため、利用客は発車よりかなり早い時刻からホームに並ばないと座席を確保できなかった。編成は12両で2両のサロ152を挟むようにサハシ153が連結されている。153系電車急行ではサハシ153のビュフェ部分だけが冷房車であるため、着席をできなかった旅客は「どうせ立つのなら‥‥」とビュフェで涼をとっていた。

急行よど（1963.7 現在）

← 109M　大阪行き

110M　東京行き　→

①	②	③	④	⑤	⑥	⑦	⑧	⑨	⑩	⑪	⑫
自2等	自2等	自2等	自2等・ビ	自1等	指1等	自2等・ビ	自2等	自2等	自2等	自2等	自2等
クハ153	モハ152	モハ153	サハシ153	サロ152	サロ152	サハシ153	モハ152	モハ153	モハ152	モハ153	クハ153

303M 東京発名古屋行き準急「東海1号」153系電車12連　*1963. 11. 3*　東海道本線　東京～新橋

撮影当時、東海道本線の東京口では名古屋／大垣行きの電車準急「東海」が夜行を合わせ7往復が設定されていた。東京～
名古屋間では同じ153系電車列車でも、料金は急行の300円に対し準急は100円の均一料金で利用できるので、「東海」には名
古屋まで通しの旅客も多かった。「東海」は12両でもビュフェ車連結のない1等2両・2等10両の編成で、1等車を含め全車
が自由席だった。また1等車も非リクライニングのサロ153で、設備的には電車特急の2等以下だった。当時の東海道本線の
優等列車ダイヤは特急・急行・準急のバランスがうまく取れていたが、種別間での車両の格差もはっきりしていた。

準急　東海 7往復（全列車）（1963.10 現在）

← 名古屋／大垣行き　　　　　　　　　　　　　　　　　　　　　　　　　　　東京行き　→

①	②	③	④	⑤	⑥	⑦	⑧	⑨	⑩	⑪	⑫
自2等	自2等	自2等	自1等	自1等	自2等	自2等	自2等	自2等	自2等	自2等	自2等
クハ153	モハ152	モハ153	サロ153	サロ153	モハ152	モハ153	クハ153	サハ153	モハ152	モハ153	クハ153

403M 名古屋発大阪行き急行「比叡2号」153系電車8連　*1975.3.9*　東海道本線　柏原〜近江長岡

東海道新幹線開業前は東京口の電車準急「東海」の向こうを張るように、名古屋〜大阪間では「比叡」が8往復運転されていた。しかし、この写真は153系時代としては末期のもので、急行「比叡」の設定本数は2往復。編成はグリーン車を含めオール自由席の8両である。名阪間を並走する近鉄では1時間ヘッドで走る主要駅停車特急が高い乗車率を誇っているので、「比叡ももっと増発すれば」と思ったものである。

急行　比叡2往復（全列車）（1975.2 現在）

← 大阪行き　　　　　　　　　　　　　　　　　　　　名古屋行き　→

①	②	③	④	⑤	⑥	⑦	⑧
自	自	自	自	自G	自	自	自
クハ153	モハ152	モハ153	サハ153	サロ165	モハ152	モハ153	クハ153

こちらは多本数を誇った東海道新幹線開業直前の準急「比叡」。1961年10月改正時は153系10両だったが、混雑緩和のため1963年10月から大阪方に165系のクモハ165＋モハ164を増結した12両で運転されていた。

404M 大阪発名古屋行き
準急「比叡1号」153・165系電車12連
1964.9.23　東海道本線　大阪

準急　比叡8往復（全列車）（1964.9 現在）

← 大阪行き　　　　　　　　　　　　　　　　　　　　　　　　　　　　　　名古屋行き　→

①	②	③	④	⑤	⑥	⑦	⑧	⑨	⑩	⑪	⑫
自2等	自2等	自2等	自2等	自2等	自1等	自2等	自2等	自2等	自2等	自2等	自2等
クモハ165	モハ164	クハ153	モハ152	モハ153	サロ152/153	サハ153	サハ153	サハ153	モハ152	モハ153	クハ153

1313M 大阪発三原行き急行「とも2号」153系電車12連　*1969.9.14*　山陽本線　加古川～宝殿

山陽本線を行く153系急行「とも」。列車名は広島県福山市南部の景勝地・鞆の浦に因むが、関西人の中にはこの列車の設定で鞆の浦を知ったという人も珍しくなかった。山陽本線の岡山県西部から広島県東部にかけての地域には中小都市が数多く存在することで、「とも」の利用客は多かった。

急行 とも 定期3往復（全列車）（1969. 9 現在）

← 三原行き										新大阪行き →	
①	②	③	④	⑤	⑥	⑦	⑧	⑨	⑩	⑪	⑫
指	指	自	自	指自G	自	自	自	自	自	自	自
クハ153	モハ152	モハ153	サハ153	サロ165	モハ152	モハ153	サハ153	サハ153	モハ152	モハ153	クハ153

山陽本線岡山開業の1972年3月改正で、急行「安芸」は岡山～呉／広島間を結ぶ3往復の153系電車急行に再編され、編成はグリーン車と半室ビュフェ車（営業休止）を連結した10両編成になる。しかし、撮影当日は新幹線博多開業が迫っていたため、153系からは編成図の⑤～⑦号車、または④～⑦号車が外された7または6両で運転されることが多かった。呉線の須波～安芸幸崎間は、蒸気機関車時代の急行「安芸」の撮影地として名高かったが、現在では埋立てなどにより風景が一変している。

413M 岡山発広島行き
急行「安芸2号」153系電車7連
1975. 2.11　呉線　須波～安芸幸崎

急行安芸 3往復（全列車）（1975.2 現在）

← 広島／呉行き									岡山行き →
①	②	③	④	⑤	⑥	⑦	⑧	⑨	⑩
指	指	指	指G	自・ビ	自	自	自	自	自
クハ153	モハ152	モハ153	サロ165	サハシ153	モハ152	モハ153	モハ152	モハ153	クハ153

電車急行は165系で運転されていた房総地方は、総武・成田・鹿島線全線電化の1975年3月改正での急行増発に伴い、153系が入線。内房・外房線を含む各線で、165系と共通運用される。153系は中間に運転台付き車両のない7両固定編成のため、10両に増結される場合は165系との混結編成になる。房総各線の準急・急行列車は気動車時代から一貫してヘッドマークを付けており、153系にも受け継がれた。

106M 館山発両国行き
急行「内房6号」153系電車7連
1980. 2.14 総武本線　津田沼〜船橋

急行 内房 3 往復（全列車）（1980. 6 現在）

←　新宿／両国行き					館山行き　→	
①	②	③	④	⑤	⑥	⑦
自	自G	自	自	自	自	自
クハ153	サロ165	モハ152	モハ153	モハ152	モハ153	クハ153

802M 伊豆急下田・修善寺発東京行き急行「伊豆2号」153系電車15連　*1978.3.20* 東海道本線　辻堂〜藤沢

戦後の1950年から80系による電車準急の運転を開始した東京〜伊東間では、1959年から153系が準急運用に加わった。当時の電車準急は普通列車との識別や、列車名のPRのためヘッドマークを付けるのが常識だった。しかし、田町電車区の湘南・伊豆準急用153系は、伊東（1961年12月から伊豆急下田へ延長）・修善寺行き併結列車のほか、普通列車運用が存在するため、当初からヘッドマークの取付けは省略されていた。

急行伊豆下り 1・5・6号　上り 1・3・5号（1978. 3 現在）

←　伊豆急下田・修善寺行き														東京行き　→
①	②	③	④	⑤	⑥	⑦	⑧	⑨	⑩	⑪	⑫	⑬	⑭	⑮
指	指	指	指G	指G	指	指	自	自	自	自	自	指	指	指
クハ153	モハ152	モハ153	サロ165	サロ165	モハ152	モハ153	モハ152	モハ153	クハ153	クハ153	サハ153	モハ152	モハ153	クハ153

電車急行を山岳路線にも普及させた165系

　東海道本線の急行・準急用の153系は、その優れた居住性で大好評だったが、電化区間が延伸されると急勾配を抱えたり、冬季には豪雪地帯になったりする路線もあるため、153系では入線が困難であった。そこで新標準形式となった出力120kWのMT54型主電動機を搭載し、耐寒耐雪設備や、抑速発電ブレーキを搭載した車両が165系で、1963年に就役している。また、153系は正面貫通型とはいえ、旅客数の多い東海道本線や山陽本線で運用するため、両端部を除いてはサロ・サハ・サハシ形式で固められた長大編成で運転されるのが通例だったが、165系では短編成での運転や分割・併合を考慮し、前年に登場した451・471系に倣い最短3両編成を可能としたことも特徴だった。165系の正面スタイルはクハ153型の500番台と同じ高運転台だが、正面を橙色で塗りつぶした153系とは異なり、165系では腰の部分の緑色をそのまま正面まで回しているので、いかにも"山を走る電車"にふさわしい精悍な顔つきになっている。

上野～新潟間では1962年6月に161系電車特急「とき」が運転をするが、急行への165系投入は車両落成との兼ね合いで1963年3月からになる。撮影当時、上野～新潟間の165系電車急行は昼行だけで「弥彦」「佐渡」「越路」「ゆきぐに」の4往復が運転され、上下とも始発駅の発車順に列車名が付けられていた。列車の編成も堂々たる13両で、2両のビュフェではそばを食べることができた。

705M 上野発新潟行き
急行「越路」 165系電車13連
1964. 3. 14　東北本線　大宮

急行越路（1964.4 現在）

← 706M 上野行き												705M 新潟行き →
①	②	③	④	⑤	⑥	⑦	⑧	⑨	⑩	⑪	⑫	⑬
指2等	自2等	自2等	自2等・ビ	自1等	指1等	自2等・ビ	自2等	自2等	自2等	自2等	自2等	指2等
クハ165	モハ164	クモハ165	サハシ165	サロ165	サロ165	サハシ165	クハ165	モハ164	クモハ165	クハ165	モハ164	クモハ165
下りのみ指定												上りのみ指定

日光と伊豆の両観光地を結ぶことで、"新婚旅行客の移動列車"といわれた座席指定準急「湘南日光」は1961年4月に157系電車で運転を開始したが、157系は1963年3月から東京～大阪間特急「ひびき」に常時使用されたため、「湘南日光」は165系に置換えられる。165系は新製とはいえ在り来たりのボックスシート車であるため、「湘南日光」の人気が下落したのは致し方なかった。

2501M 日光発伊東行き
準急「湘南日光」 165系電車6連
1963. 9. 8　東海道本線　東京～新橋

準急湘南日光（1963.7 現在）

← 2501M 伊東行き			2502M 日光行き →		
①	②	③	④	⑤	⑥
指2等	指2等	指2等	指2等	指2等	指2等
クハ165	モハ164	クモハ165	クハ165	モハ164	クモハ165

1301M 上野発湯田中行き急行「第1志賀」165系電車3連　*1967. 3. 6*　長野電鉄河東線　都住～桜沢

上野～長野間急行「志賀」はキハ57系気動車時代の1962年3月から長野電鉄・湯田中への乗入れを開始し、信越本線長野電化とアプト廃止に伴う1963年10月改正では165系電車化され、そのまま湯田中直通を継続する。湯田中編成は気動車では2両だが、電車では3両となり温泉への直通客から喜ばれた。写真撮影地を含む長野電鉄の須坂～湯田中間には最大40‰勾配が存在し、キハ57系は青息吐息だったが、165系は苦もなく走っていた。

急行志賀2往復（全列車）（1967. 4 現在）

← 上野行き					長野・湯田中行き →		
①	②	③	④	⑤	⑥	⑦	⑧
自2等	自2等	自2等	自2等	自2等	自1等	指1等	自2等
クモハ165	モハ164	クハ165	クモハ165	モハ164	サロ165	サロ165	クハ165
上野～湯田中			上野～長野				

402M 松本発新宿行き急行「アルプス1号」165系電車12連　*1975. 2. 22*　中央本線　猿橋〜鳥沢

大規模なアンダートラス橋で知られる鳥沢駅付近の新桂川橋梁を行く上り165系電車急行「アルプス」。グループで旅行する若者の間から廉価でボックスシートの「アルプス」は根強い人気を保っていたが、特急「あずさ」の増発に押され、撮影当時は夜行やキハ58系気動車列車を含め、定期列車は7往復の設定だった。165系「アルプス」ではビュフェ営業が行なわれており、「あずさ」にはない魅力でもあった。

急行アルプス 1 号（上り）（1975.2 現在）

← 402M 新宿行き

①	②	③	④	⑤	⑥	⑦	⑧	⑨	⑩	⑪	⑫
指	指	指G	指G	自・ビ	自	自	自	自	自	自	自
クモハ165	モハ164	サロ165	サロ165	サハシ165	クモハ165	モハ164	クハ165	クモハ165	モハ164	クハ165	クハ165

106M 安房鴨川発両国行き急行「うち房3号」165系電車7連　*1971. 7. 1*　房総西線　館山〜那古船形

首都圏にありながら電化が遅れた房総の鉄道だが、その分1969年7月の房総西線（現内房線）千倉電化時には冷房付きの165系新車が一挙44両投入という幸運に恵まれた。当時は冷房付き急行型車両が全国的にも珍しかったため、沿線の急行利用客は周りから羨ましがられた。写真はその2年後の房総西線全線電化当日のもので、7両編成で走る165系も誇らしげだが、房総特急の運転はこの時にすでに立てられていたといわれる。

急行 うち房 定期7往復（全列車）（1971.7 現在）

← 館山／千倉／安房鴨川行き					両国／新宿行き →	
①	②	③	④	⑤	⑥	⑦
自	自	自	自	自	指G	指
クモハ165	モハ164	クハ165	クモハ165	モハ164	サロ165	クハ165

秋葉原の電気街が見える高架橋を行く165系急行「内房」。東京地下駅開業による房総特急の乗入れが開始されて以来、新宿を始終着とする優等列車は数が少なくなったが、それでも撮影当時は内房・外房・総武各線へ急行が1往復ずつ設定されていた。

103M 新宿発館山行き
急行「内房3号」165系電車7連
1979.12.10　総武本線　御茶ノ水〜秋葉原

急行 内房3往復（全列車）（1979.10 現在）

← 新宿／両国行き					館山行き →	
①	②	③	④	⑤	⑥	⑦
自	自G	自	自	自	自	自
クハ153	サロ165	モハ164	クモハ165	クハ153	モハ164	クモハ165

4532M 河口湖発新宿行き急行「かわぐち2号」165系電車3連　*1976. 1.18* 富士急行大月線　禾生～田野倉

大月から分岐する富士急行の沿線へは、富士登山客や河口湖などへ行楽客の利用が見込まれるため、撮影当時も新宿～河口湖間で急行「かわぐち」2往復の定期運転が実施されていた。写真はのどかな風景の中を165系にとって、最小編成単位の3両で走る上り「かわぐち」。大月では甲府からの急行「かいじ」に併結され、幹線急行らしい11両編成になる。

急行・下りかいじ1号・かわぐち1号・かいじ4号・かわぐち4号
急行・上りかいじ1号・かわぐち2号・かいじ4号・かわぐち5号（1976.1現在）

← 新宿行き									甲府・河口湖行き →	
①	②	③	④	⑤	⑥	⑦	⑧	⑨	⑩	⑪
指	指	指G	指G	自・ビ	自	自	自	自	自	自
クモハ165	モハ164	サロ165	サロ165	サハシ165	クモハ165	モハ164	クハ165	クモハ165	モハ164	クハ165
新宿～甲府（かいじ）								新宿～河口湖		

⑨～⑪号車は「かわぐち」。⑤号車のビュフェは営業休止

中央東線電車区間の高架線上を「かいじ」と併結の11両で走る「かわぐち」。「かわぐち」には松本運転所の165系付属編成が充てられるが、飯田線に4両で乗入れる「こまがね」とは異なり3両が充てられた。これは富士急行線内には最急40‰の勾配が存在し、電動車の負担が大きくなる4両では入線が厳しいのが理由だった。

513M 新宿発甲府・河口湖行き
急行「かいじ3号・かわぐち3号」
165系電車11連
1980. 2.13 中央本線
中野～高円寺

303M 上野発長野行き急行「信州1号」169系電車12連+EF63×2　*1972. 1.28*　信越本線　横川～軽井沢

横川～軽井沢の碓氷第三橋梁を行く169系電車急行「信州」。写真では4両分しか画面に収まらないが、全12両編成でその後方には協調運転で電車を峠の頂上まで押し上げるEF63重連の姿がある。協調運転の設備がない165系は、軽井沢方にクハ165型やサロ165型など重量の軽い車両が連結されていたが、169系では輸送力が増強されるとともに、そうした編成上での制約もなくなった。

急行信州　下り1・3・4・5号　上り1・2・3・4号（1972. 2現在）

← 上野行き											長野行き →
①	②	③	④	⑤	⑥	⑦	⑧	⑨	⑩	⑪	⑫
指	指	指G	指G	自・ビ	自	自	自	自	自	自	自
クモハ169	モハ168	サロ169	サロ169	サハシ169	クハ169	クモハ169	モハ168	クハ169	クモハ169	モハ168	クハ169

上と同じ急行「信州1号」だが、これは山麓側から169系を推進するEF63重連を撮影した作品である。横川～軽井沢間は幹線鉄道では比類のない急勾配であるため、粘着運転用の電気機関車も在来車の改造や他線区からの転用とはいかず、新製の専用機である。それ故に最大軸重を19tとし、各種のブレーキ装置を搭載するほか、機関車間並びに機関区との列車無線連絡にも万全を期すなど、安全対策に力が注がれている。鉄道ファンが峠を克服する鉄道の姿に魅せられた碓氷峠は、アプト時代もそうだったが、いつの時代も運転コストの大きい路線でもあった。

303M 上野発長野行き急行「信州1号」
EF63×2＋169系電車11連
1979. 12.12　信越本線　横川～軽井沢

急行信州下り1・3・4・5号　上り1・2・3・4号（1979. 10現在）

← 上野行き									長野行き →	
①	②	③	④	⑤	⑥	⑦	⑧	⑨	⑩	⑪
指	指	指G	指G	自	自	自	自	自	自	自
クモハ169	モハ168	サロ169	サロ169	クハ169	クモハ169	モハ168	クハ169	クモハ169	モハ168	クハ169

信越本線碓氷峠で初めて協調運転に成功した169系

　165系の新製初年は1963年で、153系はその前年で製造が打ち切られていることで、165系は153系の増備車的な側面も持ち合わせていた。そのため山岳区間の中央本線や上越線はもちろんのこと、平坦線区の東北本線上野～黒磯間などにも入線し、全国直流電化の急行として活躍を繰り広げてきた。しかし、そうした165系も信越本線碓氷峠の横川～軽井沢間だけは、最大8両の連結制限を受けていたため、旅客数の増加により輸送力不足が深刻化していた。そこで、電車と電気機関車との協調運転により編成両数を他の幹線並みの12両に増強する計画が立てられ、165系に協調運転に必要な装置を備えた車両が169系である。169系は1968年10月改正から上野～長野間急行「信州」、同～直江津間急行「妙高」に投入され、信越本線の輸送力向上に貢献した。なお、169系のうちサロ169とサハシ169は、全車165系からの改造車である。

2302M 直江津発上野行き急行「妙高1号」169系電車12連　*1970.1.3* 東北本線　浦和～南浦和

　写真左側の高架貨物線を合わせると三複線区間になる浦和付近を終点上野に急ぐ急行「妙高」。1970年頃までの信越本線電車急行は小型ながら枠部分が山の形をした可変式のヘッドマークを付けて運転されていた。上野～直江津間を直通する特急は「あさま」1往復だけで、同区間は急行が主体の運転だった。

急行妙高下り2・3・4・5号　上り1・3・4・5号 （1970.3現在）

①	②	③	④	⑤	⑥	⑦	⑧	⑨	⑩	⑪	⑫
指	指	指G	指G	自・ビ	自	自	自	自	自	自	自
クモハ169	モハ168	サロ169	サロ169	サハシ169	クハ169	クモハ169	モハ168	クハ169	クモハ169	モハ168	クハ169

← 上野行き　　　　　　　　　　　　　　　　　　　　直江津／妙高高原行き →

上野～長野

501M 大阪発富山行き急行「第1立山」471・475系電車14連　*1968. 4.29*　北陸本線　坂田〜田村

大阪〜北陸間の特急が３往復だった当時、大阪〜金沢／富山間の主力は急行で自由席車が主体だったこともあり、多客期の電車急行では所定の12両編成にMcM'ユニットを連結し、14両編成で運転された。交直流急行型電車では最長の編成だと思われるが、1968年10月改正後は優等列車の本数増もあり、見かけられなくなった。

急行立山２往復（全列車）（1968.4 現在）

←　大阪行き												富山行き　→	
①	②	③	④	⑤	⑥	⑦	⑧	⑨	⑩	⑪	⑫	増	増
指２等	指２等	指２等	指２等	指１等	自１等	自２等・ビ	自２等	自２等	自２等	自２等	自２等	自２等	自２等
クハ455/451	モハ474/470	クモハ475/471	クハ455/451	(サロ451/455)		サハシ451	モハ474/470	クモハ475/471	クハ455/451	モハ474/470	クモハ475/471	モハ474/470	クモハ475/471

北陸本線のデッドセクションに近い区間を行く下り急行「くずりゅう」。こちらは米原始発のため471系だけで組成された６両での運転だ。先頭車クモハ471型の運転室後部の客用扉は車体強度との関係で外吊り式だが、保守や取り扱いに不便なことで、撮影当時は普通の引戸への改造工事が進んでいた。

9201M 米原発金沢行き
急行「第１くずりゅう」471系電車6連
1968. 4.29　北陸本線　坂田〜田村

急行くずりゅう２往復（全列車）（1968.4 現在）

←　米原行き				金沢行き　→	
①	②	③	④	⑤	⑥
指２等	指２等	自２等	自２等	自２等	自２等
クハ455/451	モハ474/470	クモハ475/471	クハ455/451	モハ474/470	クモハ475/471

471～475・455系が混成で運転された北陸電車急行

　153系電車の成功により、1962年には交流電化区間を抱える東北・常磐・北陸各線の急行用として、153系の交直両用版といえる451系と471系が登場する。ともに出力が100kWのMT46型主電動機と耐寒耐雪設備を有するが、運用区間は451系が商用周波数50Hz地域、471系は60Hz地域で、電動車形式は同一Hz内での封じ込めとなるため、形式が分けられたのである。本項の60Hz対応車に付いて述べると、471系は北陸線急行用に使用され、1965年に同線用に出力を120kWに向上した473系が登場。同年には北陸線用の増備と関西～九州間急行に使用するため、473系に抑速発電ブレーキを搭載した475系が新形式として立ち上げられる。そのため、これらの形式が揃った1966年初頭には、関西～九州間急行は475系だけの編成で組成されるのに、北陸線急行は471・473・475系の混結で、特にクモハ473型とモハ472型がそれぞれ1両だけの473系は編成の中間に入ることもあり、形式写真を撮る鉄道ファン泣かせの車両だった。

　交直両用急行型車の50・60両Hz対応の457系は、1969年から新製され九州と北陸にも入るが、以後急行型車両の製造が打ち切られたため両数は伸びなかった。交直流電車はバラ色（赤13号）とクリーム色の塗り分けだが、471～475系では1973年頃まで車体裾部に60Hz用を記すクリームのラインが入れられていた。なお、140・141ページの北陸急行のデータは、車両の特定ができている撮影当日の「くずりゅう」以外は、形式を471・475系として示した。

1501M 大阪発金沢行き急行「ゆのくに1号」471・475系電車12連　1975.2.9　東海道本線　高槻～山崎（現島本～山崎）

　編成写真を綺麗に撮ることができる山崎付近の大カーブを行く471・475系の姿も美しい急行下り「ゆのくに」。大阪～金沢間では客車準急時代から親しまれた列車名で、一時期のブランクがあったが、撮影1ヵ月後の湖西線開業後も米原経由で存続した。北陸本線急行のビュフェでは、上越・信越・中央東線同様にそばスタンドが設置されていたが、1973年11月限りで営業が休止されていた。

急行ゆのくに1・3号（上下とも）（1975.2現在）

← 大阪行き　　　　　　　　　　　　　　　　　　　　　　　　　　　　　　　　　　金沢行き →

①	②	③	④	⑤	⑥	⑦	⑧	⑨	⑩	⑪	⑫
指	指	指	指	指G	指G	自・ビ	自	自	自	自	自
クハ455/451	モハ474/470	クモハ475/471	サハ455	サロ455/451	サロ455/451	サハシ451/455	モハ474/470	クモハ475/471	クハ455/451	モハ474/470	クモハ475/471

②③・⑦⑧・⑪⑫号車にはモハ456+クモハ457、またはモハ472+クモハ473のユニットが入る場合もある。⑦号車のビュフェは営業休止

1501M 博多発大分行き急行「ゆのか1号」475系電車7連　*1970. 3.21*　日豊本線　豊前善光寺〜柳ヶ浦　撮影：加地一雄

1968年10月改正で3往復が475系電車化された博多〜大分間急行「ゆのか」。同改正での編成見直しでコンパクトな7両だが、グリーン車と半室ビュフェ車を連結し、幹線電車急行の面影を伝えていた。南福岡電車区所属のサハシ455型のビュフェにはうどんスタンドがあり、地域色を醸し出していた。

急行ゆのか下り1・4・5号　上り1・2・4号（1970.3 現在）

← 博多行き　　　　　　　　　　　　　　　大分行き →

①	②	③	④	⑤	⑥	⑦
指	指	自	指自G	自・ビ	自	自
クハ455	モハ474	クモハ475	サロ455	サハシ455	モハ474	クモハ475

401M 岡山発熊本行き急行「しらぬい」475系電車12連　*1967.12.30*　鹿児島本線　小倉〜戸畑　撮影：加地一雄

急行「しらぬい」は幹線の電車急行としては、人口100万人以上の都市を起終点としない珍しい存在だったが、全区間で運転時間帯が良好ため年間を通して利用率が高い列車だった。撮影当時、関西〜九州間電車急行としては唯一2等の座席指定車を連結していた。同区間の475系電車急行は、編成図のように2両の半室ビュフェ車のうち⑩号車は1等車と隣り合わない位置にあるのが、現在でも疑問である。

急行しらぬい（1968.1 現在）

←　401M 熊本行き　　　　　　　　　　　　　　　　　　　　　　　　　　　　　402M 岡山行き　→

①	②	③	④	⑤	⑥	⑦	⑧	⑨	⑩	⑪	⑫
自2等	自2等	自2等	自2等・ビ	自1等	指1等	指2等	自2等	自2等	自2等・ビ	自2等	自2等
クハ455	モハ474	クモハ475	サハシ455	サロ455	サロ455	モハ474	クモハ475	クハ455	サハシ455	モハ474	クモハ475

常磐線と東北線系線区とで使用形式が分かれる451〜455系

　1961年3月に黒磯を境に以南が直流、以北が交流で電化が完成している上野〜仙台間に電車急行を運転すべく、1962年に60Hz用の471系とほぼ同時に登場した交直流急行型電車が50Hz用の451系である。急行型電車としては153系に続く形式で、471系ともども最短で3両編成が組めるよう、クモハ451（60Hz区間用はクモハ471）型を立ち上げることにより、最短3両編成を可能としたことも特徴で、これは直流用の165電車にも受け継がれた。以後、50Hz区間用の交直流急行型は鉄道技術の進歩に合わせるかのように、50・60Hz対応の457系が登場する1969年までは、453系と455系が製造される。

　1964年以後、3形式は仙台運転所と勝田電車区に分散配置され、1968年10月時点は、平坦な常磐線運用を受け持つ勝田区には451系と453系、仙台所には455系と453系が配置されるが、仙台所の453系は上野〜盛岡相互間の限定で、急勾配の奥羽本線と磐越西線には455系しか入線できないのが運用面での特徴だった。また、写真でもお分かりのように471〜475系はヘッドマークを付けているのに、451〜455系は取付けがない。これは1967年7月の磐越西線電化で、東北本線電車急行は分割・併合を建前としたため、ヘッドマークの取付けを省略したからである。なお、交直流急行型電車は形式が多いことで、鉄道誌には「451〜475系電車」とか、代表形式から「455・475系電車」、または形式名を使わず「交直流急行型電車」と総括して表記されているようである。

32M 仙台発上野行き急行「みやぎの」451系電車10連　*1963. 3.14*　東北本線　増田（現名取）〜岩沼　撮影：篠崎隆一

1962年10月にわが国初の交直流急行型電車による急行として登場した「みやぎの」。主電動機は出力が100kWのMT46型を搭載するが、電動車比率が高い10両編成のため、沿線に点在する勾配区間を乗り切ることができた。先頭車は運転室後方に外吊り式扉を持つクモハ451型で、大型のヘッドマークも誇らしげだ。

急行みやぎの（1963.5現在）

← 32M 上野行き							31M 仙台行き　→		
①	②	③	④	⑤	⑥	⑦	⑧	⑨	⑩
自2等	自2等	自2等・ビ	自1等	指1等	自2等・ビ	自2等	自2等	自2等	自2等
クモハ451	モハ450	サハシ451	サロ451	サロ451	サハシ451	モハ450	クモハ451	モハ450	クモハ451

2411M 上野発相馬行き急行「ときわ5号」 451・453系電車11連　*1979. 2.16*　常磐線　偕楽園～水戸

　偕楽園を車窓左手に眺めながら快走する急行下り「ときわ」。常磐線の代表的中距離急行だが、出自が準急のせいか一度もビュフェ車が営業されることがなく、また、ヘッドマークの取付けも「みやぎの」の間合い運用を行なっていた一時期だけで、交直流急行型を使用する幹線列車では地味な存在だった。しかし、エル特急「ひたち」が進出してきた当時も、451・453系だけで下り7本・上り6本が設定されており、本数だけでは「ときわ」に勝る交直流電車急行はない。

急行ときわ下り3・5・9・13・15号　上り2・8・10・14号（1978.10 現在）

← 上野行き									平／相馬行き →	
①	②	③	④	⑤	⑥	⑦	⑧	⑨	⑩	⑪
指	指G	自	自	自	自	自	自	指G	自	自
クハ451	サロ451	モハ452/450	クモハ453/451	クハ451	モハ452/450	クモハ453/451	クハ451	サロ451	モハ452/450	クモハ453/451
上野～平／相馬／仙台						上野～勝田				

　東北本線の直流電化区間を行く急行上り「まつしま・ばんだい」。東北地区の455・453系を受け持つ仙台運転所では、サロ・サハシ付きの455・453系混成の7両基本編成と、サロ付きの455系だけの6両付属編成を用意し、上野口では併結の13両になる運用方式がとられていた。写真では先頭から6両が付属編成になる「ばんだい」である。

1106M 仙台・喜多方発上野行き
急行「まつしま6号・ばんだい4号」455・453系電車13連
1975. 1. 5　東北本線　片岡～蒲須坂

急行・下りまつしま1号・ばんだい2号・まつしま5号・ばんだい4号
急行・上りまつしま3号・ばんだい2号・まつしま4号・ばんだい3号・まつしま5号・ばんだい4号（1975.2 現在）

← 上野行き											仙台・会津若松／喜多方行き →	
①	②	③	④	⑤	⑥	⑦	⑧	⑨	⑩	⑪	⑫	⑬
自	自	自	指G	指	指	指	自・ビ	自	自	指G	自	自
クハ455	モハ454	クモハ455	サロ455	モハ454	クモハ455	クハ455/451	サハシ451/455	モハ454/452	クモハ455/453	サロ455/451	モハ454/452	クモハ455/453
上野～会津若松／喜多方（ばんだい）						上野～仙台（まつしま）						

　「ばんだい」の②③・⑤⑥号車にはモハ456＋クモハ457のユニットが入る場合がある。⑧号車のビュフェは営業休止

実質的には急行型だった711系

　わが国で初の交流専用電車である711系は、1968年8月の小樽〜滝川間電化開業から運用を開始。同年10月改正で同区間の急行「かむい」1往復に使用されたのを皮切りに、電化が旭川まで延伸された翌1969年10月には「かむい」7往復に投入され、小樽／札幌〜旭川間の主力列車としての活躍を見せる。そして、1971年7月には札幌〜旭川間ノンストップの急行「さちかぜ」にも抜擢され、全盛を迎えた。

　711系は元来普通列車に使用する設計のため、扉付近の戸袋部分にロングシートを有するが、それ以外は固定クロスシートでトイレとともに洗面所も設置されているので、急行での運転中も何ら違和感を覚えることはなかった。それどころか、サイリスタ制御のため直流や交直流電車に比べ、加減速時の乗り心地は格段に良かった。こうした711系も電車特急登場後は、本来の普通列車に使用される機会が多くなり、ロングシート部分拡大のほか、少数ではあるが3扉化改造も施行された。

札幌近郊の石狩平野を快走する急行下り「かむい」。711系電車は他の電車形式とは異なり、客車や気動車のように種別や列車名を示すサボが窓下に付けられているのが特徴。正面も降雪時の視界確保のため屋根上に2つの前照灯が増設されている。酷寒地向け車両特有の二重窓の車内を眺めると乗車率も良さそうだ。

803M 札幌発旭川行き
急行「かむい3号」711系電車6連
1979. 8.24 函館本線　厚別〜大麻

北海道の電車運転は、それまでのわが国には例のない交流専用の酷寒地対応車両での運転であるため、電化開業に先がけ銭函〜手稲間に試験線が設けられ、1967年から編成ごとに形態が異なる711系試作車2両・2本による試験運転が実施された。これらの試作車は当初は2両編成のまま711系3両編成と組んで使用されるが、撮影当時には2段式上昇窓を持つ編成はモハ711型を中間に入れ3両編成化されていた。写真は試作車クモハ711−901が先頭に立つ急行上り「かむい」。同車の特徴だった4枚の両開き式折戸は一般の片開き扉に改造されている。

808M 旭川発札幌行き急行「かむい8号」711系電車6連　*1979. 6.11* 函館本線　近文〜伊納(現近文〜納内)

急行かむい下り 1・3・7・9・11号　上り 2・6・8・10・14号（1979.8現在）

← 札幌(小樽)行き				旭川行き→			← 札幌(小樽)行き				旭川行き→	
①	②	③	④	⑤	⑥		①	②	③	④	⑤	⑥
自	自	自	自	自	自	または	自	自	自	自	自	自
クハ711	モハ711	クハ711	クハ711	モハ711	クハ711		クモハ711	モハ711	クハ711	クハ711	モハ711	クハ711

5章
気動車列車
〜気動車特急列車の足跡〜

2002D 青森発大阪行き特急「白鳥」キハ82系気動車13連　*1970. 3.10*　羽越本線　今川〜桑川

1970年3月改正で全区間が13両編成に増強された特急「白鳥」上り列車が羽越本線の名勝・笹川流れを行く。国鉄の運賃・料金が安く、航空機の利用も容易でなかった関西〜北海道間では、長旅を覚悟しても鉄道を利用する旅客が多く、「白鳥」の利用客は多かった。「白鳥」は気動車時代のこの頃が、列車人生の中で最も輝いていたようだ。

1D 上野発青森行き特急「はつかり」キハ81系気動車9連　*1960. 12.10*　東北本線　上野　　撮影:林 嶢

晴れやかな記念式典のあと、上野駅を発車したキハ81系による運転初日の下り特急「はつかり」。昨日までの蒸機牽引の客車
列車から電車特急「こだま」並みの列車に変身。気動車特急の歴史は今ここに始まる。東北地方の「はつかり」にかける期
待は大きい。キハ81系「はつかり」の編成は、定員数を概ね客車時代に合わせた9両編成だった。

特急はつかり（1961.1 現在）

← 2D 上野行き							1D 青森行き →	
①	②	③	④	⑤	⑥	⑦	⑧	⑨
指2等	指1等	指1等	食堂	指2等	指2等	指2等	指2等	指2等
キハ81	キロ80	キロ80	キサシ80	キハ80	キハ80	キハ80	キハ80	キハ81

最後まで限定運用が付きまとったキハ81系

　上野～青森間の客車特急として1958年10月に登場した「はつかり」を近代化するため、1960年に製造されたわが
国初の特急型気動車がキハ81系である。「はつかり」1往復に限定運用することから、当時人気絶頂だった151系電
車に倣い、編成は9固定とし、正面はボンネット型を採用し、車内設備も151系に類似していることから、「こだま」
型の気動車版といえた。しかし、車両の設計から製造期間が短かった関係で、走行用のエンジンは在来のDMH17C
を横型に改良したDMH17Hを搭載したことで、1基あたりの出力が180PSと小さいことや最高速度も100km/hに抑
えられるなど、性能面での課題を残した。キハ81系は試作車的な要素が濃いため1968年の東北本線全線電化後は、
奥羽本線特急「つばさ」や上越・羽越線特急「いなほ」などに使用されたのち紀勢・関西本線に移り、1978年まで南紀
一周特急「くろしお」の顔として活躍を続けた。

2D 青森発上野行き特急「はつかり」キハ81系気動車10連　*1968. 1. 3* 常磐線　土浦

東北本線の電化が進み、気動車特急としては最後の正月を迎えた上り「はつかり」が土浦駅を通過。キハ81型は気動車では唯一のボンネット型のマスクを持つが、運転台部分が低くやや鈍重な感じがするのは、運転開始当時タブレット授受を必要とする単線区間が多く残されていたため、致し方なかった。

特急はつかり（1968.1 現在）

| ←　2D 上野行き | | | | | | | | 1D 青森行き　→ | |
①	②	③	④	⑤	⑥	⑦	⑧	⑨	⑩
指2等	指1等	指1等	食堂	指2等	指2等	指2等	指2等	指2等	指2等
キハ81	キロ80	キロ80	キサシ80	キハ80	キハ80	キハ80	キハ80	キハ80	キハ81

1968年10月改正を前に特急「はつかり」の座を追われたキハ81系は、上野（上り東京）～秋田間特急「つばさ2-2号」を経て、1969年10月からは「つばさ」と同じ区間を上越・羽越線経由で結ぶ特急「いなほ」に転身する。「つばさ」当時の福島～米沢間でのEF71の補機使用から解放されたものの、最後まで連結器剥き出しの姿が消えることはなかった。7両編成で走る「いなほ」からは疲労感がにじみ出ていた。

2011D 上野発秋田行き
特急「いなほ」キハ81系気動車7連
1970. 1. 3　東北本線　赤羽～浦和

特急いなほ（1970.3 現在）

| ←　2012D 上野行き | | | | | 2011D 秋田行き　→ | |
①	②	③	④	⑤	⑥	⑦
指	指G	食堂	指	指	指	指
キハ81	キロ80	キシ80	キハ80	キハ80	キハ80	キハ81

6D 釧路発函館行き特急「おおぞら2号」キハ82系気動車10連　*1975. 6.11* 室蘭本線　礼文〜静狩

室蘭本線礼文付近の大築堤を行く函館行き特急「おおぞら2号」。起終点間が10両編成での運転だが、電源確保のため中間の④号車にキハ82型が入った。こうした編成が見られるのもキハ82系の魅力の一つだった。

特急おおぞら3―2号（1975.7 現在）

←	6D 函館行き								5D 釧路行き	→
①	②	③	④	⑤	⑥	⑦	⑧	⑨	⑩	
指	指	指	指	指G	食堂	指	指	指	指	
キハ82	キハ80	キハ80	キハ82	キロ80	キシ80	キハ80	キハ80	キハ80	キハ82	

今なお鉄道ファンからの人気を誇る鉄路の名優・キハ82系

　1961年10月改正では、北海道や日本海縦貫線、信越・山陰線など全国主要幹線に特急を設定し、特急ネットワークが計画される。必然的に特急型気動車の需要が高まり、それによりキハ82系が量産される。キハ82型は当初「はつかり改良型」と呼ばれたように、性能的にはキハ81系と同一で、そのため両形式を合わせて80系と称される場合もある。このキハ82系は、利用客見込みのほか、途中駅で分割・併合を行なう列車も計画されていることで、6両編成での運転が基本になる。そのため、正面はキハ81型とは一変して貫通型が採用されるが、特急型にふさわしい風格や優雅さ持ったスタイルに仕上げるのを目標に設計された結果、完璧とも思えるほどの顔が出来上がる。そして、運転開始時には線区によっては「田舎にこんなすばらしい列車が来るのは夢を見ているようだ」といった声まで聞かれたほどだった。優美なスタイルで、全国各地に大きな希望と感動を与えたキハ82系はJR化後の1992年まで活躍を続ける。引退後かなりの年月が経過したが、鉄道ファンからの人気は今も衰えていない。

5D 函館発網走行き特急「おおとり」キハ82系気動車9連　*1981.10.18*　函館本線　七飯〜大沼

1981年10月改正で東京〜北海道間はそれまでの青函連絡船を介した鉄道輸送から、東京〜千歳間を航空機に託し、国鉄は千歳空港からの旅客輸送を担う方式に転換する。これにより青函連絡船はローカル航路と化し、函館から札幌より先に向かうキハ82系特急は「おおとり」1往復になる。同改正ではキハ183系も本格的な運転を開始するので、キハ82系が持つ唯一のセールスポイントは食堂車の連結だけになる。「おおとり」は国鉄最後の1986年11月改正でキハ183系化されるまで、食堂車営業を続けた。

特急おおとり（1981.10 現在）

← 　5D 網走行き　　　　　　　　　　　　　　　　　　　　　　　　　　6D 函館行き 　→

①	②	③	④	⑤	⑥	⑦	⑧	⑨
自	自	指	指	食堂	指G	指	指	指
キハ82	キハ80	キハ80	キハ80	キシ80	キロ80	キハ82	キハ80	キハ82

函館〜北見

5D 大阪発博多行き特急「まつかぜ1号」キハ82系気動車13連　*1980. 3.15*　山陰本線　鎧〜餘部

　山陰本線のランドマーク・餘部橋梁を13両の長大編成で通過する特急下り「まつかぜ」。終点博多まで直通するのは食堂車を含む7両で、トンネル内の車両を含む後部6両は鳥取回転運用である。キハ82系特急は全国の未電化幹線で運転されるため、原風景が残る区間を数多く走る。絶景の場所と、いつ見ても飽きが来ない不滅の美しいスタイリングを誇る名車との組み合わせが絵になるのは、当然ともいえよう。撮影当時、大阪〜博多間を13時間かけて山陰回りで結んだ「まつかぜ」は時代を超越した名列車でもあった。

特急まつかぜ 1―4 号（1980.4 現在）

← 5D 博多行き　　　　　　　　　　　　　　　　　　　　　　　　　　　　　　　　6D 新大阪行き →

①	②	③	④	⑤	⑥	⑦	⑧	⑨	⑩	⑪	⑫	⑬
指	指G	食堂	指	指	自	自	自	指G	指	指	指	指
キハ82	キロ80	キシ80	キハ80	キハ80	キハ80	キハ82	キハ82	キロ80	キハ80	キハ80	キハ80	キハ82
大阪（上り新大阪）〜博多							大阪（上り新大阪）〜鳥取					

1D 京都発長崎・佐世保行き特急「かもめ」キハ82系気動車13連　1975.2.9　東海道本線　山崎〜高槻（現山崎〜島本）

長崎本線電化の遅れで、最後まで関西〜九州間の気動車特急として残されていた「かもめ」も新幹線博多開業だけはどうにもならず、あと1ヶ月で姿を消す。客車特急から1961年10月改正でキハ82系気動車に置換えられ、以後も運転区間の変遷があったが、京都〜長崎・佐世保間運転となった1968年10月以後も、京都始終着と全車座席指定のスタイルを守り続けたのは老舗名列車としてのプライドに他ならなかった。

特急かもめ（1975.2 現在）

← 1D 長崎行き・1D 〜 4001D 佐世保行き　　　　　　　　　　　　　　2D・4002D 〜 2D　京都行き →

①	②	③	④	⑤	⑥	⑦	⑧	⑨	⑩	⑪	⑫	⑬
指	指G	指	指	指	指	指	指G	食堂	指	指	指	指
キハ82	キロ80	キハ80	キハ80	キハ80	キハ82	キハ82	キロ80	キシ80	キハ80	キハ80	キハ80	キハ82
京都〜佐世保						京都〜長崎						

1036D 高山発名古屋行き
特急「ひだ6号」キハ82系気動車7連
1979.8.28　高山本線　下油井〜白川口

特急列車とは縁がなかったような高山本線にも1968年10月改正で特急「ひだ」が登場。名古屋〜金沢間での運転だが、起終点間での直通客の利用が見込めないことで、当初キハ82系の編成は食堂車なしの6両編成とされ、ローカル特急そのものだった。撮影当時の「ひだ」は4往復に増発されていたが、スピードの点では物足りなかった。しかし、中部横断特急で美しい風景を車窓の友にできるあたりは、旅を楽しむ特急でもあった。

特急ひだ 4 往復（全列車）（1979.8 現在）

← 高山／金沢行き　　　　　　　　　　名古屋行き →

①	②	③	④	⑤	⑥	⑦
指	指G	指	指	自	自	自
キハ82	キロ80	キハ80	キハ80	キハ80	キハ80	キハ82

1893年4月の信越本線全通以来、横川～軽井沢間で実施されてきたアプト式鉄道での運転もこの1963年9月29日で終了。いつものように前に1両、後ろに3両のED42型の補機により碓氷峠に挑む列車の姿も見納めになる。写真は最終日の下り「白鳥」で、鉄道友の会から贈呈されたハクチョウをイラストしたトレインマークが最後尾のED42型に取り付けられていた。

特急白鳥（1963.7 現在）

← 2004D 上野行き					2003D 大阪行き →	
①	②	③	④	⑤	⑥	⑦
指2等	指2等	指2等	指2等	食堂	指1等	指2等
キハ82	キハ80	キハ80	キハ80	キシ80	キロ80	キハ82

（上野～直江津間での編成を示す。直江津～大阪間は青森からの編成を連結し、13両で運転）

2003D 上野発大阪行き特急「白鳥」ED42×3＋キハ82系気動車7連＋ED42　*1963.9.29*　信越本線　横川〜熊ノ平

3D 上野発秋田行き特急「つばさ2号」キハ181系気動車10連　*1975.11.24*　東北本線　金谷川〜南福島

1968年から製造が開始されたキハ181系の車両スタイルは、以前から好評を博していたキハ82系を踏襲したが、正面はやや角ばった印象になるほか、正面から側面にかけての塗り分けの処理が変更され、運転室後方の機器室も拡大されたことで、美しさの中にも力強さを感じさせた。そうしたキハ181系「つばさ」も奥羽本線全線電化で明日からは電車化されるため、キハ181型のサイドビューも東北地方では今日が見納め。所定11両編成の「つばさ」だが、撮影当日は⑧号車のキハ181型を外した10両での運転だった。

特急つばさ 2 往復（全列車）（1975.11 現在）

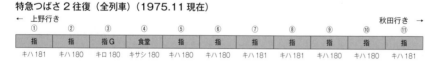

← 上野行き										秋田行き →
①	②	③	④	⑤	⑥	⑦	⑧	⑨	⑩	⑪
指	指	指G	食堂	指	指	指	指	指	指	指
キハ181	キハ180	キロ180	キサシ180	キハ180	キハ180	キハ181	キハ181	キハ180	キハ180	キハ181

大出力で勾配克服の立役者となったキハ181系

　キハ82系は気動車特急網の拡大と未電化幹線の近代化に大きく貢献したが、エンジン出力の弱さと最高速度の低さだけは如何ともし難く、特急大衆化時代になっても、キハ82系では特急の運転ができない路線もあった。その代表例が山岳区間を抱える名古屋〜長野間だった。そこで、同区間用の特急車には1基当たりの出力を500PSとし、最高速度も120km/hに向上させたDML30HSEエンジンを積んだキハ181系が1968年に登場し、同年10月の改正から特急「しなの」で運転を開始する。形式番号が気動車ではじめて3桁表示になったのは、国鉄がキハ181系を「新系列気動車」として、在来形式とは一線を画している証でもあった。キハ181系「しなの」は中央西線の勾配を克服し、翌1969年10月改正では名古屋〜長野間で4時間の壁を突破したことで、以後キハ181系は奥羽本線や伯備線、四国の予讃・土讃本線にも投入される。JR化後の活躍も2010年までに及んだ。

11D 名古屋発長野行き特急「しなの」キハ181系気動車9連　*1969. 8.26*　中央本線　原野

初のキハ181系特急となった中央西線特急「しなの」も、間もなく登場後1年を迎える。運転も軌道に乗ってきたかと思われるが、この日は何と5両目にキハ91型を連結している。中央西線に限ったことではないが、未電化路線の駅はポールや架線がないため、撮影に適している。この原野駅もその例外ではなかった。

特急しなの（1969. 8 現在）

← 11D 長野行き						12D 名古屋行き →		
①	②	③	④	⑤	⑥	⑦	⑧	⑨
指	指	指	指	指	指	食堂	指G	指
キハ181	キハ180	キハ180/181	キハ180	キハ180	キハ180	キサシ180	キロ180	キハ181

1024D 小郡（現新山口）発鳥取行き特急「おき4号」キハ181系気動車6連　*1980. 3.16*　山陰本線　三保三隅〜折居

山陰本線の出雲市以西は本線とは名ばかりのローカル線だが、海岸沿いに線路が敷設されている区間が長く、美しい風景を楽しむことができる。写真は折居付近の海岸に沿って走るキハ181系特急「おき」。当時の「おき」は旅客の利用実績には関係なく6両で運転されていたため、編成美をうまく描写できた。

特急おき下り 1・3 号　上り 4・6 号（1980. 6 現在）

←　小郡行き　　　　　　　　米子 / 鳥取行き　→

①	②	③	④	⑤	⑥
指	指	指G	指	自	自
キハ181	キハ180	キロ180	キハ180	キハ180	キハ181

34D 益田発岡山行き
特急「やくも4号」キハ181系気動車8連
1979.10.31　山陰本線　田儀〜小田

キハ181系時代の特急「やくも」は、1973年10月から6往復運転に増発され、1975年からは気動車だけでの列車としては初の「エル特急」に指定されるなど、充実した運転を展開していた。運転区間は岡山〜出雲市間が主体の「やくも」だったが、1往復だけは益田まで直通していた。写真はそのうちの「やくも4号」でグリーン車と食堂車を連結した8両編成。米子からは3両が増結され、11両になる。

特急やくも 7―4 号（1979.10 現在）

←　37D 益田行き　　　　　　　　　　　　　　　34D 岡山行き　→

①	②	③	④	⑤	⑥	⑦	⑧	⑨	⑩	⑪
自	自	指	指G	食堂	指	指	指	指	指	指
キハ181	キハ180	キハ180	キロ180	キサシ180	キハ180	キハ180	キハ181	キハ180	キハ180	キハ181

岡山〜米子

3D 高松発宇和島行き特急「しおかぜ3号」キハ181系気動車6連　*1981.12.14*　予讃本線　高松

国鉄時代は四国の玄関口だった高松駅を発車した宇和島行き特急「しおかぜ3号」。撮影当時の「しおかぜ」は4往復の設定で、編成はキハ181系7両が標準だったが、この下り3号と上り8号だけは運用の都合で6両編成だった。四国の優等列車は国鉄最末期まで急行が主力で、特急は四国総局内では"特別な列車"として扱われている感じだった。

特急しおかぜ 3—8 号（1981.10 現在）

← 宇和島行き　　　　　　　　　　　　　高松行き →

①	②	③	④	⑤	⑥
指	指G	指	自	自	自
キハ181	キロ180	キハ180	キハ180	キハ180	キハ181

5003D 函館発釧路行き特急「おおぞら3号」キハ183系気動車10連　*1981.10.14*　石勝線千歳空港（現南千歳）〜追分

北海道専用特急形式のキハ183系は、1981年10月改正から量産車が登場し、本格的な運転を開始する。同日には千歳空港〜新得間を結ぶ石勝線が開通したため、千歳空港駅は北海道の鉄道拠点としての地位をさらに高めた。写真は石勝線の西部新規開業区間を行くキハ183系「おおぞら3号」で、新線と新造特急車との組み合わせは新鮮である。

北海道内での限定運用で登場したキハ183系

　北海道の気動車特急は1961年10月に函館〜旭川間で「おおぞら」が設定されて以来、20年近くにわたり全国標準形式のキハ82系が一枚看板で運転を続けてきた。しかし、耐寒耐雪設備を施しているとはいえ酷寒地の北海道での使用は厳しく、1970年代後半には老朽化で、車体の痛みも目立っていた。そこで、北海道用キハ82系の代替車には道内のみの使用に限定したキハ183系が1979年に登場し、翌1980年から運転を開始する。正面マスクは一変して781系電車を角ばらせたスラント型となり、普通車の簡易リクライニングシートもシートピッチが拡大され、座り心地の良いものに改善なるなど、キハ82系とは20年に近い居住性の差を感じさせた。しかし、航空機とクルマの発達で長距離客が減少していることから食堂車は新製されなかったのは、食堂車利用客の多い北海道内の運行だけに残念だった。JR化後も長らく活躍したが、2018年に定期運用から離脱した。

3D 函館発釧路行き特急「おおぞら3号」キハ183系気動車10連　*1981.10.18*　函館本線　七飯～大沼

北海道南部の撮影名所小沼湖畔を行くキハ183系「おおぞら3号」で、列車番号こそ違うが、左ページと同一列車てある。この「おおぞら3号」は、3Dで函館を 9:40に発車し、13:50に札幌に到着。札幌では列車番号を5003Dに替え、スイッチバックのうえ13:56に発車。そして千歳空港から石勝線に入り、終点釧路には19:15に到着というダイヤである。この間千歳空港～札幌間44.0kmは重複運転になるが、苫小牧以南から帯広・釧路方面への直通客にとってはいい迷惑だった。こうした運転形態も1986年11月改正で列車が札幌で二分され、以後の「おおぞら」はすべて札幌～釧路間の列車となる。

特急おおぞら 3―2号 （1981.10 現在）

← 3D ～ 5003D 釧路行き　　　　　　　　　　　　　　　　　　5002D ～ 2D 函館行き　→

①	②	③	④	⑤	⑥	⑦	⑧	⑨	⑩
自	自	指	指	指	指G	指	指	指	指
キハ183	キハ182	キハ182	キハ182	キハ182	キロ182	キハ184	キハ182	キハ182	キハ183

北海道に新規投入されたキハ183系500番台からなる8両編成の「おおぞら3号」。ピカピカの新車ばかりの編成のはずなのに2両目の床下だけは色が黒いが、実はこの車両だけがキハ183系0番台グループのキハ184で、編成中に中間電源車が必要なため、新塗装に変更して編成に挿入したのである。キハ184は窓の高さにも若干の違いがあるが、見事にキハ183系500番台の編成に溶けこんでいる。

特急おおぞら下り7・9・11号 上り4・6・8号 (1986.11 現在)

←札幌行き   釧路行き →

①	②	③	④	⑤	⑥	⑦	⑧
自	自	指	指	指G	指	指	指
キハ183	キハ184	キハ182	キハ182	キロ182	キハ182	キハ182	キハ183

石勝高原（現トマム）で、キハ183系500番台特急「おおぞら7号」が停車中のキハ59系「アルファコンチネンタルエクスプレス」と遭遇。キハ183系500番台のハイデッカーグリーン車と眺望気動車キハ59系との並びは、新しい時代に向って進む北海道鉄道を象徴する姿で、国鉄北海道総局の意気込みが伝わってくるようだった。

37D 札幌発釧路行き
特急「おおぞら7号」
キハ183系気動車8連
1986.11.3 石勝線
石勝高原（現トマム）

34D 釧路発札幌行き特急「おおぞら3号」キハ183系気動車8連　*1986.11.3*　石勝線　新得〜石勝高原（現トマム）

キハ183系と同形式とは思えない183系500番台

　国鉄が民営化後における北海道会社の経営基盤整備のため、新製した特急型気動車がキハ183系500番台である。エンジンは出力アップで燃焼効率の良い直噴式のものを採用したほか、車両スタイルも一新されたが、既存のキハ183系と連結が可能なことで、同形式となる。正面が貫通式に戻されたのは将来の短編成化や分割・併合を考慮したのが理由だが、今までの国鉄にない明るい塗装と相まって優れたデザインである。

2033D 高松発中村行き特急「南風3号」キハ185系気動車5連　*1986.11.24*　土讃本線　後免〜土佐大津

　国鉄最後の1986年11月改正で、四国のキハ185系気動車は予讃本線急行の特急格上げを主体に使用されたため、土讃本線への投入は高松〜中村間の「南風」1往復にとどまった。しかし、キハ185系の斬新なスタイルや居住性の良さは、近い将来の民営化に対する島民の不安感を一掃し、逆に期待を抱かせる結果となって絶賛で迎えられた。1986年11月改正時のキハ185系特急は予讃・土讃本線とも5両編成で、グリーン車は地域性を考慮し、半室のキロハ186型とされた。

特急南風 3—8 号 （1986.11 現在）
←2033D 中村行き　　　2038D 高松行き →

①	②	③	④	⑤
指	指G・指	指	自	自
キハ185	キロハ186	キハ185	キハ185	キハ185

国鉄では最初で最後のステンレス車体となったキハ185系

　　北海道向けのキハ183系500番台と同じ理由で、国鉄が1986年に四国向けに新製した特急型気動車がキハ185系である。四国では民営化後は、各線で短編成による特急増発を計画していたため、キハ185系は片運転台のキハ185型と中間車のキロハ186の2形式だけとされる。特急車の増備というよりは、キハ58型の代替新車といった感じだった。キハ185系はスタイル的にキハ183系500番台と類似しているが、ステンレス車体を導入。帯色が緑なのは185系電車譲りだった。

　予讃本線内を行くキハ185系気動車5両編成の下り「しおかぜ」。当時の四国特急は列車番号が形式別とされ、「しおかぜ」はキハ181系が0番台、キハ185系が1000番台、「南風」はキハ181系が30番台、キハ185系が2030番台とされていたので、キハ185系列車の多い予讃本線では車両を選んで乗車することができた。本書の題名は『国鉄旅客列車の記録』だが、この写真だけはJR化後の作品を使用させていただいた。

1009D 高松発宇和島行き
特急「しおかぜ9号」キハ185系気動車5連
1987.5.27　予讃本線　伊予亀岡〜菊間

6章
気動車列車
～気動車急行列車の足跡～

4710D 飛騨古川発大阪行き急行「たかやま」キハ58系気動車6連
1980.10.30 高山本線 下油井～白川口

全国各地に急行列車時代をもたらし、最も身近な優等列車の存在だったキハ58系には
あらゆる活躍舞台が用意されていたが、やはり、グリーン車を連結した5両前後の編成
で山間部を走る姿が一番よく似合うと思う。そんなイメージにぴったりの列車が、山
岳路線の高山本線を行く急行「たかやま」だった。

905D 名古屋発天王寺行き急行「紀州」キハ58系気動車8連　*1965. 3.23*　紀勢本線　三瀬谷

1965年3月改正の南紀特急「くろしお」の新設で、お株を奪われたような南紀一周急行「紀州」だが、改正後は途中停車駅を増やしたものの、従来に近いダイヤのまま存続を果たす。写真は特急運転線区に昇格したものの、腕木式信号機が残る三瀬谷駅を通過する急行下り「紀州」。オールキハ58系での編成のはずだが、この写真では5両目にキハ55型が入っている。

急行紀州（1965.3現在）

← 904D 名古屋行き　　　　　　　　　　　　　　　　　　903D 天王寺行き →

①	②	③	④	⑤	⑥	⑦	⑧	⑨	⑩
自2等	指1等	自1等	自2等	自2等	自2等	自2等	自2等	自2等	自2等
キハ58	キロ28	キロ28	キハ58	キハ28	キハ58	キハ58	キハ58	キハ28	キハ58

天王寺～白浜

急行型気動車の代表車キハ58系と冷房電源を賄うキハ65型

　キハ58系は、キロ28型・キハ58型・キハ28型の3形式だけで総計1500両以上の両数を誇る急行型気動車で、全盛期の1960年代中期には北海道を除く全国津々浦々の路線で急行を中心に活躍していた。それゆえ、キハ58系の名を知らない人にでも写真を見せれば、「あの車両か」と気付いてもらえるほどの身近な存在の車両でもあった。特に団塊世代を中心とする年齢層の人々にとっては、生涯のうちで何度かは利用した経験があるのではないかと思う。

　キハ65型は勾配線区におけるキハ58系の急行の冷房化に際し、走行用エンジンとは別に発電用エンジンと発電機を搭載した車両で、システム的にはキハ91型やキハ181系に近い存在である。車両スタイルもキハ91型に似て側面が2段窓なので、一段上昇窓のキハ28・58型とはすぐに見分けが付く。

402D 西鹿児島発広島・門司港行き急行「青島」キハ58系気動車8連　*1967. 3. 8*　日豊本線　田野～日向沓掛　撮影:鈴木孝行

日豊本線全線を走破する本州直通気動車急行「青島」は、その系譜をたどれば東海道新幹線開業前に「九州の名列車」と謳われた急行「ひかり」が前身で、①〜③号車の門司港〜西鹿児島間編成はその名残といえた。この「青島」も前掲の「紀州」同様に1等車2両を連結しているが、新婚旅行ブームに沸く宮崎への観光客のニーズに対応していた。また、「青島」のヘッドマークは当時の国鉄中国支社独自の制作で、急行電車にも掲出されており、本書では130ページの「安芸」にも見られた。

急行青島（1967.4 現在）

← 401D・2401D～401D 西鹿児島行き						402D 広島行き・402D～2402D 門司港行き　→				
①	②	③	④	⑤	⑥	⑦	⑧	⑨	⑩	⑪
自2等	自2等	指2等	指2等	指1等	自1等	自2等	自2等	自2等	自2等	指2等
キハ58	キハ28	キハ58	キハ58	キロ28	キロ28	キハ28	キハ58	キハ58	キハ28	キハ58
門司港～西鹿児島			広島～西鹿児島					別府～広島		

四国では基幹路線の予讃・土讃両本線とも急勾配区間が存在するため、キハ58系気動車急行の定時運転を確保するためには4両中キロ28を除く3両を強力なキハ58系で固めなければならなかった。しかし、1960年代も終盤になり急行用普通車も冷房時代になると、床下が機器で満杯のキハ58型に冷房は取り付けられず、キハ65型の落成を待って真っ先に導入された。キハ65型はキハ28・58型よりもシートピッチが広く、利用客には快適な車両だった。

中村発高松行き（窪川から急行「あしずり4号」）
キハ65・58系気動車5連
1979.9.3　土讃本線　讃岐財田

急行あしずり4号（上り）（1979.8 現在）

			1744D～704D 高松行き→		
①	②	③	④	⑤	
自	指	指G	自	自	郵便・荷物
キハ58	キハ65	キロ28	キハ58	キハ65	キユニ15
中村～高松					中村～窪川

111D 新宿発安房鴨川行き急行「内房1号」キハ58・28・26系気動車10連　*1966. 8. 7*　房総西線　富浦〜那古船形

1960年代の房総東・西線は、海水浴シーズンには不定期や臨時列車をフル動員した特別ダイヤが実施され、定期気動車急行は通常期の4・5両編成に予備車を増結する方式がとられた。写真は急行「内房1号」で、先頭から5〜8両目はキハ26型が充当されており、これが増結車だろう。先頭車はキハ58型なので、当時千葉気動車区に唯一配置されていたキハ58 105か、他局からの借入車であるかどうかは不明である。臨時列車などには玉石混交の多種多様な車両が入るので、鉄道ファンには楽しい路線だった。

準急・下り犬吠1号・水郷1号・犬吠3号・水郷3号
準急・上り犬吠2号・水郷2号・犬吠4号・水郷4号（1964.2 現在）

← 銚子・佐原行き　　　　　　　　　　　新宿行き→

①	②	③	④	⑤	⑥
自2等	自2等	自2等	自2等	自2等	自2等
キハ28	キハ28	キハ28	キハ28	キハ28	キハ28

新宿〜銚子（犬吠）　　　　新宿〜佐原（水郷）

1960年代前半の房総地方の鉄道では優等列車は準急が最上位だったが、車両を受け持つ千葉気動車区には急行型であるキハ28型が数多く配置され、その勢力は本来の準急型であるキハ26型を大きく上回っていた。中でも総武本線準急「犬吠」は4往復全列車がキハ28型を中心に組成され、そのうち2往復にはキロ28型が連結されていた。本線の貫禄といったところだろうか。写真の下り「犬吠1号」は2等車だけの編成である。新宿〜銚子間では4両編成が1本あれば2往復の運転ができるので、気動車は運用面で何かと便利だった。

301D 新宿発銚子行き
準急「犬吠1号」キハ28系気動車4連
1963.12. 8　総武本線　銚子

キハ28型で編成された列車

　キハ58系の普通車形式にはDMH17H型エンジンを2基積んだキハ58型と、1基だけのキハ28型とがある。166〜169ページの編成図をご覧いただければ、各列車の走行区間の線路条件や要求されるスピードにより、キハ58型とキハ28型を適当に組み合わせて組成されているのが判る。168ページ下の「犬吠」は平坦な総武線列車なのでオールキハ28型の編成。169ページ上の「しんじ」は勾配区間が存在する伯備線を経由するが、撮影当時は定格速度の低い列車だったので各車とも1エンジン車だけでの編成だった。

914D 出雲市発宇野行き急行「しんじ1号」キハ28・26系気動車4連　*1971. 4. 1*　伯備線　豪渓〜総社

1968年10月から1975年3月まで、宇野〜出雲市間を伯備線経由で結んだ「しんじ2―1号」は中国地方の陰陽連絡急行で、出自が準急だった経緯もあり、キロ28型とキハ26・28型の混成で運転されていた。特に1970年前後には普通車3両はキロ25型を格下げしたキハ26型400番台が、回転クロスシートのままで使用されたため、"日本一のデラックス急行"として知る人ぞ知る存在だった。なお、キハ28型はキハ58系、キハ26型はキハ55系の一員だが、エンジン1基の車両だけで組成される場合は、撮影データにキハ28系やキハ26系と記述した。

急行しんじ 2―1 号（1971.4 現在）

← 913D　出雲市行き　911D 宇野行き　→

①	②	③	④
自	指G	自	自
キハ26	キロ28	キハ26	キハ28

常磐線急行「ときわ」は、準急時代の1963年10月改正で大半が451・453系電車化されたが、水郡線に直通する編成を連結する列車だけは、直通サービスの維持のため気動車列車のままで残された。写真撮影当時10往復以上の本数を誇る「ときわ」のうち、下り5・8号と上り3・6号が気動車列車だった。写真は水郡線経由の福島行き「久慈川」を併結する下り「ときわ5号」で、キハ58・55系の混結だが、この時期になっても1等車にキロ25型が健在だったのには驚かされる。水郡線直通も「久慈川」のほか、磐城石川行きが「奥久慈」を名乗っていた時代だった。

2313D 上野発水戸・福島行き
急行「ときわ5号・久慈川」キハ58・55系気動車12連
1968. 5.18　常磐線　北千住〜綾瀬

急行ときわ 5 号・久慈川（1968. 4 現在）

2213D 水戸行き・2213D 〜 313D 福島行き　→

①	②	③	④	⑤	⑥	⑦	⑧	⑨	⑩	⑪	⑫
自2等	自2等	自2等	自2等	自2等	自2等	自2等	自2等	自1等	自2等	自2等	自2等
（　キハ28・キハ58・キハ26・キハ55　）						キハ28	キハ28	キロ25	キハ28	キハ55	キハ28

上野〜水戸（ときわ）　　　　　　　　　上野〜福島（久慈川）

アプト区間を通行できる唯一の気動車・キハ57系

　アプト式当時の碓氷峠を客車の前後にED42型を連結することで、旅客輸送は客車に限られていた信越本線横川〜軽井沢間にも、1961年5月から気動車急行「志賀」が入線する。当初は当時の準急型気動車キハ55系を使用する予定だったが、床下機器の多いコイルバネ台車では、アプト区間のラックレールに接触することが判った。そこで、接触回避のため乗客の多少にかかわらず車体の高さを一定に保つことのできる空気バネ台車を、当時新設計の気動車に履かせて落成したのがキハ57系である。空気バネ台車はコイルバネ台車よりもコスト高のため、キハ57系はキハ57とキロ27の2形式41両だけの製造に終わった。アプト式廃止後、キハ57系は信越本線以外の路線でも使用されるが、乗り心地の良さで利用客からは好評だった。

301D 上野発長野・湯田中行き急行「志賀」ED42＋キハ57系気動車7連＋ED42×3　*1963.9.29*　信越本線　横川〜熊ノ平

　アプト鉄道の最終日、前部を1両・後部を3両のED42型にガードされたキハ57系気動車急行「志賀」がいつものように碓氷峠を登る。ED42型は横川方にだけ運転台のある機関車であるため、先頭車の機関士は後部で運転操作を行なう。この日は多くの鉄道ファンが押し寄せたとの記事が鉄道誌に載っているが、写真で見る限りでは"ふつうの秋晴れの日"である。

急行志賀（1963. 7 現在）

①	②	③	④	⑤	⑥	⑦
自2等	自2等	自2等	指自1等	自2等	自2等	自2等
キハ57	キハ57	キハ57	キロ27	キハ57	キハ57	キハ57

← 304D 上野行き　　　　　　　　301D 長野・湯田中行き　→

上野〜湯田中　　　　　　上野〜長野

304D 長野・湯田中発上野行き急行「志賀」ED42×3＋キハ57系気動車7連＋ED42　*1963.9.29*　信越本線　熊ノ平〜横川

碓氷峠は66.7‰勾配で知られるが、一部にはそれよりも険しい68‰が存在する。写真は長野と湯田中から戻ってきた上り列車で今度は3重連のED42型補機が先頭に立ち、ブレーキの役目を果たす。最高速度は自転車並みの17km/hで、旅慣れた旅客はスピードの遅さは気にせず座席でのんびり時を過ごすが、前後4両の機関車を運転する乗務は緊張の連続であったことと思われる。ED42型はもちろんだが、キハ57型もアプト区間専用気動車としての使命はこの日で終わる。

305D 函館発稚内行き急行「宗谷」キハ56系気動車8連　*1980.10. 3*　函館本線　七飯〜大沼

かつて、キハ82系とともに北海道内輸送の中核を担ったキハ56系も、1980年に入ると老朽化とともに幹線での急行削減により、グリーン車のキロ26の一部では廃車が開始される。そして、同年10月改正では函館を始終着とするキハ56系定期急行は稚内行きの「宗谷」1往復だけとなる。写真は大沼駅や駒ケ岳を一望できる小沼畔の撮影ポイントでの作品。蒸気機関車が姿を消してからは訪れるファンも少なくなったが、「宗谷」は往時と変わらぬ8両編成で運転されていた。

急行宗谷（1980.10 現在）

← 305D 稚内行き　　　　　　　　　　　　　　　　306D 函館行き →

①	②	③	④	⑤	⑥	⑦	⑧
指	指G	指	自	自	自	自	自
キハ56	キロ26	キハ27	キハ56	キハ27	キハ56	キハ27	キハ56

函館〜旭川

函館本線ヤマ線の小樽〜塩谷間で撮影されたキハ56系急行上り「らいでん2号」。通常はキハ22型かキハ40型による2両編成だが、この日は団体客があったのか、それとも車両運用の都合上かキハ56系の3両編成で運転されていた。電車とは異なり、車両に融通が利く気動車では珍しくない出来事である。

札幌発長万部行き（倶知安まで902D急行「らいでん2号」）
キハ56系気動車3連
1982. 3.7　函館本線　小樽〜塩谷

北海道の専用形式としていち早く登場したキハ56系

　北海道では一般型でロングシート部分を有するキハ21・キハ22の両形式により1959年から準急運転を開始。その快適性が好評で、1960年7月には本州からキハ55型とキロ25型を借入れ、函館～札幌間に座席指定急行「すずらん」が登場する。しかし、耐寒耐雪設備のないキハ55型は同年冬季にダウン。キロ25型に応急的に耐寒耐雪改造を行なったものの、2等車にはキハ22型を使用するしかなかった。そこで、北海道では1961年10月改正から導入予定だった新型急行型気動車を前倒しして、同年3月に北海道仕様のキハ56系として落成させ、4月から急行に使用した。

　キハ56系とキハ57系は標準形式のキハ58系よりも先に登場するわけだが、北海道や長野地区はそれほどまでに輸送事情が逼迫していたのである。なお、キハ56系とキハ57系はその形態から広義のキハ58系として、鉄道誌などで紹介されることが多い。

北海道観光団体専用列車　急行「エルム」（上り函館行き）キハ56系気動車6連　*1967. 8.26*　室蘭本線　有珠　撮影:池田 明

　1960年代には、東京を中心に予め運転区間が設定されたツアー客用の観光団体専用列車が運転されたが、北海道では1962年からキハ56系気動車による準急「エルム」が運転される。『国鉄監修時刻表』1962年7月号の時刻をたどっていくと、1日目が函館→札幌（小樽経由）、以下2日目札幌→上川、3日目釧路→登別（滝川・岩見沢・苫小牧経由）、4日目登別→函館での運転だった。旅客は札幌や層雲峡、登別温泉を観光していることが判るが、上川～釧路間の列車は見当たらないので、この区間はバス移動だったのだろう。また、「エルム」は道内の特急以外の列車としては珍しくヘッドマークを付けての運転だったが、雪に関係のないシーズンでの設定だったからだろう。写真の「エルム」は1962年当時より5年の歳月が経過しているので、登別始発だったかどうかは不明だが、運転はこの年限りだったと思われる。

803D 名古屋発長野行き急行「第2しなの」キハ91系気動車8連　*1968. 7.26*　中央本線　薮原～奈良井

急行第2—第4しなの（1968. 1 現在）

← 803D 長野行き　　　　　　　　　　　　　　　　　　　　　　　　　808D 名古屋行き →

増①	増②	増③	増④	①	②	③	④	⑤	⑥	⑦	⑧
自2等	自2等	自2等	自2等	自2等	自2等	自2等	自2等	自1等	指1等	指2等	指2等
キハ58	キハ58	キハ58	キハ58	キハ91	キハ91	キハ91	キハ91	キサロ90	キサロ90	キハ91	キハ91

長野～塩尻（上りのみ）

試作形式ながら定期急行に使用されたキハ91系

　国鉄の気動車は1950年代前半からDMH17系を標準型エンジンと位置付け、一般型から特急型にいたるまで車両の用途を問わず、1両に付き1または2基を搭載してきた。これにより、全国の気動車はすべて連結運転が可能になるほか、保守も容易な利点があったが、1基あたりの出力が低く、特急ではスピード運転や急勾配区間での使用に向かない欠点もあった。つまりキハ82系では特急としての限界が見えたようで、将来を考慮し新規の大出力エンジンを搭載した特急型気動車が開発されることになった。初めての試みであるため、導入が決定した名古屋～長野間では、試作車を急行型のキハ91系として10両程度製造し、1967年10月から急行「しなの」1往復で定期運転することにより、その試用成果がキハ181系特急新製に反映されることになる。1968年10月のキハ181系特急登場後も、キハ91系は中央西線や高山本線で急行列車に使用されるが、試作形式のため1978年までに廃車される。しかし、キハ91系の500PSエンジンを改良して登載した新形式の急行型キハ65型が、キハ58系に混結されてJR化後も活躍を続けたのは幸いであったといえよう。

奈良井川の清流に沿って緑滴る勾配区間を行くキハ91系急行下り「第2しなの」。屋根一杯にラジエターを搭載しているので、キハ58系よりも重厚な感じだが、2等車には冷房の設置がなかった。

上の写真とは一転して雪中の篠ノ井線羽尾信号場付近を行くキハ91系急行下り「第2しなの」。試作形式での編成とは思えないような立派な列車だ。運転台下部のボックスが気になるが、ここには他形式気動車との併結時に使用する制御装置が入れられていた。ファンの立場からはキハ91系はもう少し長生きをしてほしい形式であった。

803D 名古屋発長野行き急行「第2しなの」キハ91系気動車8連　1968. 2.17　篠ノ井線　冠着～姨捨

【著者プロフィール】
諸河 久（もろかわ ひさし）
1947年東京都生まれ。日本大学経済学部、東京写真専門学院（現・東京ビジュアルアーツ）卒業。
鉄道雑誌「鉄道ファン」のスタッフを経て、フリーカメラマンに。
「諸河 久フォト・オフィス」を主宰。国内外の鉄道写真を雑誌、単行本に発表。
「鉄道ファン／CANON鉄道写真コンクール」「2021年 小田急ロマンスカーカレンダー」などの審査員を歴任。
公益社団法人・日本写真家協会会員 桜門鉄遊会代表幹事
著書に「カラーブックス 日本の私鉄3 阪急」・「オリエント・エクスプレス」（保育社）、「都電の消えた街」（大正出版）、「総天然色のタイムマシーン」（ネコ・パブリッシング）、「モノクロームの国鉄蒸機 形式写真館」・「モノクロームの国鉄情景」（イカロス出版）、「モノクロームの私鉄原風景」（交通新聞社）など多数がある。2021年8月にフォト・パブリッシングから「国鉄旅客列車の記録 客車列車編（共著）」を上梓している。

寺本光照（てらもと みつてる）
1950年大阪府生まれ。甲南大学法学部卒業。小学校教諭・放課後クラブ指導員・高齢者大学校講師を経て、現在はフリーの鉄道研究家・鉄道作家として著述活動に専念。
鉄道友の会会員（阪神支部監事）。
著書に「国鉄・JR列車名大事典」「これでいいのか夜行列車」（中央書院）、「新幹線発達史」「国鉄・JR関西圏近郊電車発達史」「国鉄・JR悲運の車両たち」（JTBパブリッシング）、「ブルートレイン大全」「国鉄遺産 名車両100選」（洋泉社）、「JR特急の四半世紀」「国鉄・JRディーゼル特急全史」（イカロス出版）、「よみがえる583系」（学研パブリッシング）、「国鉄旅客列車の記録【客車列車編】（共著）」（フォト・パブリッシング）など多数がある。

【ページ構成・写真レイアウト】
諸河 久

【列車解説・掲載写真キャプション・編成図作成】
寺本光照

【作品提供】
林 嶢・篠崎隆一・鈴木孝行・加地一雄・関 崇博・守尾 誠・池田 明（順不同）

【編集協力】
田谷惠一・篠崎隆一

【モノクローム作品デジタルデータ作成】
諸河 久

国鉄旅客列車の記録
【電車・気動車列車編】

2021年9月27日 第1刷発行

著 者……………諸河 久・寺本光照
発行人……………高山和彦
発行所……………株式会社フォト・パブリッシング
　　　　　　　　　〒161-0032 東京都新宿区中落合2-12-26
　　　　　　　　　TEL.03-6914-0121 FAX.03-5955-8101
発売元……………株式会社メディアパル（共同出版者・流通責任者）
　　　　　　　　　〒162-8710 東京都新宿区東五軒町6-24
　　　　　　　　　TEL.03-5261-1171 FAX.03-3235-4645
デザイン・DTP………柏倉栄治（装丁・本文とも）
印刷所……………新星社西川印刷株式会社

ISBN978-4-8021-3285-5 C0026

本書の内容についてのお問い合わせは、上記の発行元（フォト・パブリッシング）編集部宛てのEメール（henshuubu@photo-pub.co.jp）または郵送・ファックスによる書面にてお願いいたします。